Gemeindeordnung Nordrhein-Westfalen

W0033669

Gemeindeordnung
für das Land Nordrhein-Westfalen
(GO NRW)

in der Fassung der Bekanntmachung
vom 14. Juli 1994 (GV. NW. S. 666/SGV. NRW. 2030),
zuletzt geändert durch Art. 1 des Gesetzes vom 13. April 2022
(GV. NRW. S. 490)

Textausgabe

bearbeitet von
Ernst-Dieter Bösche
Bürgermeister a. D., Stadtdirektor a. D.

28. Auflage 2022

VERLAG
RECKINGER

Die Deutsche Nationalbibliothek verzeichnet diese Publikation in der Deutschen Nationalbibliografie; detaillierte bibliografische Daten sind im Internet unter http://dnb.d-nb.de abrufbar.

Alle Rechte vorbehalten.

Nachdruck, auch auszugsweise, verboten.

Ohne schriftliche Genehmigung des Verlags ist es nicht gestattet, das Werk oder Teile daraus in irgendeiner Form (Fotokopie, Mikrofilm oder ein anderes Verfahren) zu reproduzieren oder unter Verwendung elektronischer Systeme zu verarbeiten, zu vervielfältigen oder zu verbreiten.

© Verlag W. Reckinger GmbH & Co. KG, 53721 Siegburg, 2022
Umschlaggestaltung: Huwer Grafik Design, Hürth
Druck: SDK Systemdruck, Köln
Satz: HPS Satz, Weilerswist

ISBN: 978-3-7922-0407-8
28. Auflage 2022
www.reckinger.de

Inhaltsverzeichnis

Einführung zur 28. Auflage

Seit Erscheinen der 27. Auflage ist die Gemeindeordnung durch vier Gesetze geändert worden:

1. Gesetz zur Änderung kommunalrechtlicher Vorschriften vom 1. Dezember 2021 (GV. NRW. S. 1346)

1.1 Verkürzung der Rügefrist nach § 7 Abs. 6 Satz 1 GO

Die Verletzung von Verfahrens- und Formvorschriften der GO kann gegen Satzungen, sonstige ortsrechtliche Bestimmungen und Flächennutzungspläne nunmehr nach Ablauf von sechs Monaten nach ihrer Verkündung nicht mehr geltend gemacht werden. Bisher betrug diese Frist ein Jahr.

Mit der Verkürzung der Frist soll dem Interesse der Allgemeinheit am Bestand erlassener Satzungen Rechnung getragen werden, soweit nicht zuvor die Form- und Verfahrensfehler der satzungsgebenden Gemeinde innerhalb angemessener Frist zur Kenntnis gelangen (LT-Drs. 17/14304, S. 76).

1.2 Einschränkung des Anregungs- und Beschwerderechts nach § 24 GO

Bislang war jeder berechtigt, sich einzeln oder in Gemeinschaft mit anderen mit Anregungen oder Beschwerden in Angelegenheiten der Gemeinde an den Rat (oder die Bezirksvertretung) zu wenden.

Nach der Neufassung des § 24 Abs. 1 Satz 1 GO hat nunmehr jede Einwohnerin oder jeder Einwohner, die oder der seit mindestens drei Monaten in der Gemeinde wohnt, dieses Recht.

Das sog. Jedermann-Recht ist damit in ein Einwohnerrecht umgewandelt worden.

Mit der Änderung soll § 24 Abs. 1 Satz 1 GO vom Regelungsumfang an § 25 Abs. 1 GO angepasst werden (LT-Drs. 17/14304, S. 76). Die Notwendigkeit dieser Anpassung ist nicht unbedingt erkennbar.

Im Gegenteil: Da nur natürliche Personen Einwohner sind (§ 21 Abs. 1 GO), besteht dieses Recht nach der Gesetzesänderung für juristische Personen und Personenvereinigungen nicht mehr. Den für das Zusammenleben in den Gemeinden so wichtigen örtlichen Vereinen ist damit künftig ein einfaches, aber durchaus wirksames Mittel, auf das gemeindliche Geschehen einzuwirken, verwehrt. Diese Folge ist wohl eher unbeabsichtigt.

1.3 Zulassung der Textform anstelle der Schriftformerfordernisse in § 24 Abs. 1 Satz 1, § 25 Abs. 2 Satz 1, § 26 Abs. 2 Satz 1, 3 und 5 sowie in § 55 Abs. 5 Satz 4 GO

In den vorgenannten Vorschriften ist die bisher vorgesehene Schriftform dahingehend präzisiert worden, dass nunmehr Textform nach § 126b BGB vorgeschrieben ist.

Textform bedeutet, dass eine lesbare Erklärung unter Nennung der erklärenden Person auf einem dauerhaften Datenträger abgegeben werden muss. Nach § 126b BGB ist ein dauerhafter Datenträger jedes Medium, das es dem Empfänger ermöglicht, eine auf dem Datenträger befindliche, an ihn persönlich gerichtete Erklärung so aufzubewahren oder zu speichern, dass sie ihm während eines für ihren Zweck angemessenen Zeitraums zugänglich ist, und geeignet ist, die Erklärung unverändert wiederzugeben.

Durch die Zulassung der Textform soll den Beteiligten vor allem die Möglichkeit zur Nutzung elektronischer Kommunikation eröffnet werden (LT-Drs. 17/14304, S. 77).

Zugelassen als Textform sind postalischer Brief, Telefax, Telegramm und E-Mail.

1.4 Verkürzung der Frist zur Geltendmachung der Verletzung eines Mitwirkungsverbots (§ 54 Abs. 4 Satz 1)

Nach § 54 Abs. 4 Satz 1 GO (alte Fassung) konnte die Verletzung eines Mitwirkungsverbots nach § 43 Abs. 2 Satz 1 GO i. V. m. § 31 GO gegen einen Beschluss des Rates oder eines entscheidungsbefugten Ausschusses nach Ablauf eines Jahres seit der Beschlussfassung oder nach dessen öffentlicher Bekanntmachung nicht mehr geltend gemacht werden. Diese Frist wird durch Neufassung der Vorschrift, korrespondierend mit der Fristveränderung in § 7 Abs. 6 Satz 1 GO, auf sechs Monate verkürzt.

1.5 Einschränkung der Möglichkeit zur Übertragung der Finanzbuchhaltung (§ 94 Abs. 1 GO)

Die Gemeinde kann künftig die Erfüllung ihrer Verpflichtungen im Rahmen der Finanzbuchhaltung nach § 93 GO nur noch auf eine andere juristische Person des öffentlichen Rechts übertragen (§ 94 Abs. 1 Satz 1 GO). In der bisherigen Fassung des § 94 GO war diese Einschränkung nicht vorgesehen. Der Grund der Einschränkung ist darin zu sehen, dass es sich bei den in der Finanzbuchhaltung zu verarbeitenden Daten um besonders zu schützende Daten (z. B. nach § 30 AO) handelt (LT-Drs. 17/14304, S. 78).

Wegen der Gewährleistung der Übertragung auf eine juristische Person des öffentlichen Rechts konnte die bisher in § 94 Abs. 1 Satz 2 GO vorgesehene Begrenzung der Übertragbarkeit der Zwangsvollstreckung entfallen.

1.6 Übergangsregelungen bezüglich der Fristverkürzungen in § 7 Abs. 6 Satz 1 und § 54 Abs. 4 Satz 1 GO

Die neue Fristenregelung (sechs Monate) in § 7 Abs. 6 Satz 1 GO und in § 54 Abs. 4 Satz 1 GO gilt erst für Satzungen und sonstige ortsrechtliche Vorschriften, die nach dem 15. Dezember 2021 verkündet worden sind bzw. für Beschlüsse, die ab dem 15. Dezember 2021 gefasst oder verkündet worden sind (§ 134 GO).

2. Gesetz zum Erlass eines Kulturgesetzbuches sowie zur Änderung und Aufhebung weiterer Vorschriften (Kulturrechtsneuregelungsgesetz) vom 1. Dezember 2021 (GV. NRW. S. 1353)

Im Zuständigkeitskatalog der Bezirksvertretungen nach § 37 GO wird in Abs. 1 Satz 1 Buchst. a „Büchereien" durch „Bibliotheken" ersetzt. Dabei handelt es sich lediglich um eine redaktionelle Anpassung an das Kulturgesetzbuch (KultGB NRW).

3. Gesetz über die Transparenz der Finanzierung kommunaler Wählergruppen und zur Änderung kommunalrechtlicher Vorschriften vom 25. März 2022 (GV. NRW. S. 411)

Durch Art. 3 dieses Gesetzes ist § 26a neu in die GO eingefügt worden. Diese neue Vorschrift soll zur Erhöhung der Transparenz der demokratischen Prozesse beitragen (LT-Drs. 17/15264, S. 22).

Nach § 26a Abs. 1 Satz 1 GO müssen die Unterlagen zur Einreichung eines Bürgerbegehrens eine Erklärung darüber enthalten, ob und in welcher Gesamthöhe die nach § 26 Abs. 2 Satz 2 GO benannten Vertretungsberechtigten Zuwendungen von Dritten für die Vorbereitung und Durchführung des Bürgerbegehrens erhalten oder eigene Mittel dafür eingesetzt haben.

Zuwendungen eines einzelnen Zuwenders oder einer einzelnen Zuwenderin, deren Gesamtwert 10.000 Euro übersteigt, sind unter Angabe des Namens und der Anschrift des Zuwenders bzw. der Zuwenderin sowie der Gesamthöhe der Zuwendung anzugeben (§ 26a Abs. 1 Satz 2 GO).

Auch Zuwendungen, die die Vertretungsberechtigten nach Einreichung des Bürgerbegehrens erhalten, sind dem Bürgermeister oder der Bürgermeisterin unverzüglich mitzuteilen, wenn diese Zuwendungen alleine oder zusammen mit weiteren Zuwendungen dieses Zuwenders oder dieser Zuwenderin den Gesamtwert von 10.000 Euro übersteigen (§ 26a Abs. 2 Satz 1 GO).

Falls das Bürgerbegehren zu einem Bürgerentscheid führt, veröffentlicht der Bürgermeister bzw. die Bürgermeisterin die Erklärungen und Mitteilungen der Vertretungsberechtigten 16 Tage vor dem Bürgerentscheid in Form einer öffentlichen Bekanntmachung. Auch nach dieser Frist eingehende Erklärungen und Mitteilungen sind spätestens am Tag vor dem Bürgerentscheid zu veröffentlichen (§ 26a Abs. 3 GO).

Die Vertretungsberechtigten müssen bei der Einreichung eines Bürgerbegehrens an Eides statt versichern, dass sie ihrer Mitteilungspflicht vollständig und zutreffend nachgekommen sind. Wenn das Bürgerbegehren zu einem Bürgerentscheid führt, ist die Erklärung an Eides statt durch die Vertretungsberechtigten 16 Tage vor dem Bürgerentscheid zu erneuern (§ 26a Abs. 4 GO).

§ 26a GO gilt nicht für einen Ratsbürgerentscheid gem. § 26 Abs. 1 Satz 2 GO.

§ 26a GO stellt darauf ab, ob und in welcher Höhe die Vertretungsberechtigten Zuwendungen für die Vorbereitung oder Durchführung von Bürgerbegehren erhalten oder Eigenmittel eingesetzt haben (§ 26a Abs. 1 Satz 1, § 26a Abs. 2 Satz 1).

Der Gesetzesentwurf der Landesregierung (LT-Drs. 17/16295) sah ursprünglich eine Meldepflicht bezüglich der Zuwendungen für die Antragsteller nach § 26 Abs. 2 Satz 7 GO vor. Antragsteller nach § 26 Abs. 2 Satz 7 GO sind die Vertretungsberechtigten und mindestens 25 weitere zur Unterzeichnung des Antrags auf vorzeitige Prüfung der Zulässigkeit des Bürgerbegehrens notwendige Bürgerinnen und Bürger. Damit wäre eine Meldepflicht nur für Bürgerbegehren begründet gewesen, bei denen ein Antrag auf vorzeitige Zulässigkeitsprüfung gestellt worden ist. Da dieser Antrag optional ist, hätte also keine Meldepflicht bestanden für Bürgerbegehren, die ohne Antrag auf vorherige Zulässigkeitsprüfung eingereicht worden wären.

Aufgrund eines parlamentarischen Fraktionsantrags (LT-Drs. 17/16929) ist dann die Meldepflicht für Zuwendungen an die benannten Vertreter bzw. die Verwendung von Eigenmitteln der Vertreter im Rahmen der Gesetzesänderung beschlossen worden.

Aber auch diese Regelung greift zu kurz. Wenngleich es sich bei den benannten Vertretungsberechtigten sicherlich um Personen handelt, die in besonderer Weise in das jeweilige Bürgerbegehren involviert sind und daher durchaus auch mit der Spendenverwaltung betraut sein können, so dürfte es in der Praxis nicht selten vorkommen, dass die Initiatoren des Bürgerbegehrens (Einzelpersonen, Personengruppen, Vereine) Zuwendungen erhalten oder eigene Mittel einsetzen, obwohl sie nicht zugleich die im Bürgerbegehren benannten Vertretungsberechtigten sind.

Es müsste eine Regelung gefunden werden, nach der eine Meldepflicht für Zuwendungen sowie die Verwendung eigener Mittel zugunsten des jeweiligen Bürgerbegehrens begründet würde, unabhängig davon, welche Person oder Personenvereinigung im Zusammenhang mit dem Bürgerbegehren den Zuwendungsbetrag erhalten oder Eigenmittel eingesetzt hat.

Es ist damit zu rechnen, dass bei nächster Gelegenheit eine Klärung durch den Gesetzgeber erfolgt, denn in der jetzigen Fassung ist leicht eine Umgehung der Vorschrift möglich.

4. Gesetz zur Einführung digitaler Sitzungen für kommunale Gremien und zur Änderung kommunalrechtlicher Vorschriften vom 13. April 2022 (GV. NRW. S. 490)

4.1 Erweiterung der Möglichkeiten der Ehrenbezeichnung (§ 34 Abs. 1 GO)

Außer langjährigen Ratsmitgliedern und Ehrenbeamten kann nunmehr auch Bürgermeisterinnen und Bürgermeistern eine Ehrenbezeichnung verliehen werden.

Diese Neuerung ist insoweit nicht systemkonform, als die bisherigen Ehrenbezeichnungen immer nur für ehemalige ehrenamtliche „Amtsträger" vorgesehen waren, Bürgermeisterinnen und Bürgermeister aber hauptamtlich für die Gemeinde tätig sind.

4.2 Neuregelung des Entschädigungsrechts für Ratsmitglieder, Mitglieder der Bezirksvertretungen und Ausschussmitglieder

Zur Regelung des Entschädigungsrechts für Ratsmitglieder, Mitglieder der Bezirksvertretungen und der Ausschüsse ist § 45 GO neu gefasst worden.

4.2.1 Erweiterung des Anspruchs auf Aufwendungsersatz für entgeltliche Betreuung

Der Anspruch auf Aufwendungsersatz für die entgeltliche Betreuung wird insofern erweitert, als nicht nur die Kosten für die Betreuung der eigenen Kinder während der Mandatsausübung ersetzt werden, sondern nunmehr auch die Kosten für die Betreuung sonstiger pflegebedürftiger Angehöriger.

Dies gilt auch bei Teilnahme an kommunalpolitischen Bildungsveranstaltungen (§ 44 Abs. 3 Satz 3 GO).

Im Rahmen der Haushaltsführungsentschädigung sind nicht mehr, wie bisher, die Zeiten der mandatsbedingten Abwesenheit vom Haushalt, sondern die Zeiten der Ausübung des Mandats zugrunde zu legen (§ 45 Abs. 1 Satz 3 GO). Bedeutsam ist diese neue Berechnungsgrundlage für Sitzungen, die nicht in Präsenzform stattfinden.

4.2.2 Auslagenersatz und sonstige Leistungen

Nach der Neufassung des § 45 Abs. 2 GO kann der Rat in der Hauptsatzung selbst darüber entscheiden, ob und in welcher Form die Ratsmitglieder und die Mitglieder der Bezirksvertretungen und der Ausschüsse Auslagenersatz erhalten. Dadurch wird die Möglichkeit geschaffen, örtlichen Gegebenheiten besser Rechnung tragen zu können.

Außerdem kann die Hauptsatzung sonstige Leistungen, die nicht durch die Rechtsverordnung gem. § 133 Abs. 5 GO geregelt sind, vorsehen, soweit diese einen unmittelbaren Bezug zur Mandatsausübung haben (§ 45 Abs. 2 GO).

4.2.3 Unverzichtbarkeit und Unübertragbarkeit der Aufwandsentschädigung

§ 45 Abs. 4 Satz 1 GO stellt ausdrücklich klar, dass auf die Aufwandsentschädigung nicht verzichtet werden kann und dass der Anspruch auf Aufwandsentschädigung nicht übertragbar ist.

4.2.4 Aufwandsentschädigung bei Nichtausübung des Mandats

§ 45 Abs. 4 Satz 3 GO regelt, dass ein Anspruch auf Aufwandsentschädigung für die Dauer der Nichtausübung des Mandats nicht beansprucht werden kann, wenn das Mandat länger als drei Monate nicht wahrgenommen wird. Dies gilt nicht, wenn das Mitglied die Nichtausübung nicht zu vertreten hat.

4.3 Durchführung von Sitzungen in besonderer Form

4.3.1 Digitale Sitzung

Der neu eingefügte § 47a ermöglicht in besonderen Ausnahmefällen wie Katastrophen, einer epidemischen Lage oder anderen außergewöhnlichen Notsituationen die Durchführung der Sitzungen des Rates, der Ausschüsse und der Bezirksvertretungen in digitaler Form. Voraussetzung dafür ist, außer dem Vorliegen eines besonderen Ausnahmefalls, dass die dafür erforderlichen (insbesondere technischen) Voraussetzungen erfüllt sind (§ 47a Abs. 1 GO).

Bei einer digitalen Sitzung nehmen alle Gremienmitglieder ohne persönliche Anwesenheit am Sitzungsort unter Einsatz technischer Hilfsmittel durch zeitgleiche Bild-Ton-Übertragung an der Sitzung teil (§ 47a Abs. 2 Satz 1 GO).

4.3.2 Hybride Sitzung

Auch eine hybrid durchgeführte Sitzung ist unter den Voraussetzungen des § 47a GO zulässig.

Bei einer hybrid durchgeführten Sitzung sind Gremienmitglieder teils persönlich anwesend, während andere Gremienmitglieder an der Sitzung ohne persönliche Anwesenheit teilnehmen. Die Sitzungsleitung muss allerdings am Sitzungsort anwesend sein (§ 47a Abs. 2 Satz 2 GO).

Bei einer hybriden Sitzung schalten sich einige Gremienmitglieder digital per Bild-Ton-Übertragung zur ansonsten in Präsenz stattfindenden Sitzung zu. Dabei muss die grundsätzliche Wahrnehmbarkeit sichergestellt sein. Das bedeutet, dass alle digital teilnehmenden Gremienmitglieder für die vor Ort anwesenden Mitglieder sowie für die Öffentlichkeit insbesondere bei Beiträgen und aktiven Beteiligungen optisch und akustisch wahrnehmbar sein müssen, und ebenso müssen die digital Teilnehmenden die Sitzung vor Ort wahrnehmen und verfolgen können. Zum Wesen einer hybriden Sitzung gehört, dass das eigentliche Sitzungsgeschehen quasi im Sitzungssaal stattfindet (LT-Drs. 17/16295, S. 68). Daher ist auch die Anwesenheit der Sitzungsleitung im Sitzungssaal zwingend notwendig. Wesentlich ist zudem, dass die Öffentlichkeit im Sitzungssaal während der Sitzung anwesend sein kann.

4.3.3 Feststellung eines Ausnahmefalls

Die Feststellung des Ausnahmefalls nach § 47a Abs. 1 GO und die Entscheidung, ob eine oder mehrere Sitzungen digital oder hybrid durchgeführt werden, obliegt immer dem Rat (§ 47a Abs. 3 Satz 1 GO). Dies gilt auch für die Sitzungen der Ausschüsse und der Bezirksvertretungen. Die Ausschüsse und die Bezirksvertretungen sind an diese Ratsentscheidung in sachlicher und zeitlicher Hinsicht gebunden (LT-Drs. 17/16295, S. 69).

Für die Entscheidung des Rates ist eine Mehrheit von zwei Dritteln der Mitglieder des Rates erforderlich (§ 47a Abs. 3 Satz 2 GO).

Der Beschluss kann auch einen bestimmten Zeitraum festlegen, der aber zwei Monate nicht überschreiten darf (§ 47a Abs. 3 Satz 2 GO). Verlängerungen durch weitere ausdrückliche Beschlussfassungen sind möglich (§ 47a Abs. 3 Satz 5).

Diese Stimmabgaben sind auch in Textform zulässig (§ 47a Abs. 3 Satz 3 GO).

In zeitlicher Hinsicht ist der Beschluss des Rates so rechtzeitig zu fassen, dass die Ladungsfristen nach § 47 Abs. 2 GO eingehalten werden können (§ 47a Abs. 3 Satz 4 GO).

4.3.4 Verfahrensvorschriften für digitale und hybride Sitzungen

Soweit § 47a GO keine besonderen Regeln enthält, gelten auch für digitale und hybride Sitzungen die allgemeinen Verfahrensvorschriften, insbesondere die Vorgaben für die Einberufung gem. § 47 Abs. 1 Satz 1 und Abs. 2 Satz 1 GO.

Die Geschäftsordnung muss nach der Neufassung des § 47 Abs. 2 Satz 1 GO auch die Art der Information der Öffentlichkeit über den Zugang der Öffentlichkeit zu einer digitalen Sitzung regeln.

Die Öffentlichkeit wird bei der digitalen Sitzung über die Bild-Ton-Übertragung der Sitzung gewahrt und wird über die Bereitstellung eines geschützten Zugangs zur digitalen Sitzung gewährleistet (§ 47a Abs. 5 GO).

Für hybride Sitzungen trifft das Gesetz keine Sonderregelungen. Diese Sitzungen sind im Prinzip Präsenzsitzungen. Die Öffentlichkeit hat den üblichen Zugang zur Sitzung. Sie muss die digital zugeschalteten Sitzungsteilnehmer in ausreichendem Maße wahrnehmen können. Das gilt insbesondere für Wortbeiträge und Abstimmungsverhalten (LT-Drs. 17/16295).

4.3.5 Sonderregelung für Sitzungen der Ausschüsse und der Bezirksvertretungen

Für Sitzungen der Ausschüsse und der Bezirksvertretungen kann gem. § 58a GO durch Bestimmung in der Hauptsatzung eine hybride Sitzungsdurchführung auch außerhalb der besonderen in § 47a Abs. 1 Satz 1 GO aufgeführten Ausnahmefälle ermöglicht werden.

Die nach Hauptsatzung mögliche Bestimmung, dass Ausschüsse auch außerhalb der besonderen Ausnahmefälle des § 47a Abs. 1 GO hybride Sitzungen durchführen dürfen, gilt nicht für die Pflichtausschüsse nach § 57 Abs. 2 Satz 1 GO (§ 58a Satz 2 GO).

Die übrigen Ausschüsse haben nach Ermächtigung in der Hauptsatzung das Recht, selbst zu entscheiden, ob und in welchem Umfang sie von dieser Ermächtigung Gebrauch machen. Sie könnten auch entscheiden, generell hybrid zu tagen. Die Entscheidung trifft jeder Ausschuss für sich.

Diese Möglichkeit hybrider Sitzungen besteht auch für Bezirksvertretungen nach ausdrücklicher Regelung der Neufassung des § 36 Abs. 5 Satz 5 GO sowie für den Integrationsausschuss nach Neufassung des § 27 Abs. 12 Satz 3 GO.

4.3.6 Technische Voraussetzungen

Die Durchführung digitaler und hybrider Sitzungen ist nur zulässig, wenn und soweit die erforderlichen technischen Voraussetzungen dazu vorliegen. Jedes Gremienmitglied muss über eine digitale Zugangsmöglichkeit verfügen (§ 47a Abs. 4 Satz 1 GO).

Die Gemeinde hat sicherzustellen, dass während der gesamten Sitzung die technischen Voraussetzungen lückenlos bestehen. Die Gremienmitglieder sind für ihre Sitzungsteilnahme per Bild-Ton-Übertragung verantwortlich (§ 47a Abs. 4 Satz 3 GO).

Für digitale und hybride Sitzungen dürfen nur Anwendungen verwendet werden, die von der Gemeindeprüfungsanstalt Nordrhein-Westfalen als für die Zertifizierung zuständige Stelle zugelassen sind.

Einzelheiten der technischen und organisatorischen Vorgaben zur Durchführung von Sitzungen in digitaler und hybrider Form werden durch Rechtsverordnung aufgrund der Ermächtigung nach § 133 Abs. 4 GO geregelt (siehe 4.7.1).

4.4 Bild-, Film- und Tonaufnahmen in Sitzungen

Nach dem neuen Abs. 4 des § 48 GO sind in öffentlichen Ratssitzungen Bildaufnahmen (Fotografien) zulässig, wenn dadurch die Ordnung der Sitzung nicht gefährdet wird.

Film- und Tonaufnahmen von den Ratsmitgliedern in öffentlicher Sitzung mit dem Ziel der Veröffentlichung sind nur erlaubt, soweit die Hauptsatzung dies zulässt.

Einführung

Diese Regelungen gelten auch für öffentliche Ausschusssitzungen (§ 58 Abs. 2 Satz 1 GO i. V. m. § 48 Abs. 4 GO) und öffentliche Sitzungen der Bezirksvertretung (§ 36 Abs. 5 Satz 2 GO i. V. m. § 48 Abs. 4 GO nach Maßgabe der Geschäftsordnung).

4.5 Entfallen der besonderen Eilentscheidungen nach § 60 Abs. 2 GO

Durch Gesetz vom 14. April 2020 (GV. NRW. S. 218b, ber. 304a) war durch Neufassung des § 60 Abs. 2 GO die Möglichkeit geschaffen worden, durch Ratsbeschluss mit der Mehrheit von zwei Dritteln der Mitglieder des Rates den Hauptausschuss zu ermächtigen, anstelle des Rates zu entscheiden, wenn und solange eine epidemische Lage von landesweiter Tragweite festgestellt ist.

Da § 47a GO nunmehr für besondere Ausnahmefälle einschließlich der epidemischen Lage mit der Einführung digitaler Sitzungsmöglichkeiten die Ratsarbeit auch in Krisenzeiten sicherstellt, entfällt das Bedürfnis zu einer § 60 Abs. 2 GO entsprechenden Regelung.

Nach Art. 7 Abs. 2 des Gesetzes vom 13. April 2022 tritt die Aufhebung des § 60 Abs. 2 GO aber erst am 1. Januar 2023 in Kraft. Die Delegation soll für den Übergangszeitraum vorläufig weiter zulässig bleiben, um dem Umstand Rechnung tragen zu können, dass eventuell noch keine zertifizierten oder zertifizierungsfähigen Softwarelösungen zum Einsatz für digitale Sitzungen verfügbar sind (LT-Drs. 17/16295, S. 73).

4.6 Qualifikation gemeindlicher Vertreter in Gremien von Unternehmen und Einrichtungen (§ 113 GO und § 108a GO)

In § 113 GO wird ein neuer Abs. 6 eingefügt. Der bisherige Abs. 6 wird in unveränderter Fassung Abs. 7.

Der neue Abs. 6 schreibt vor, dass die Gremienmitglieder in kommunalen Unternehmen und Einrichtungen über die erforderlichen betriebswirtschaftlichen Erfahrungen und die erforderliche Sachkunde verfügen müssen. Außerdem enthält die Vorschrift Regelungen über Fortbildungspflichten und -angebote.

Nach der Neufassung des § 108a Abs. 4 Satz 1 GO gelten diese Qualifikationsanforderungen auch für die von den Gemeinden in die Aufsichtsräte entsandten Arbeitnehmervertreter.

4.7 Erweiterung der Verordnungsermächtigungen (§ 133 GO)

§ 133 GO wird um zwei Verordnungsermächtigungen erweitert:

4.7.1 Verordnung für digitale und hybride Sitzungen

Nach § 133 Abs. 4 GO wird das für Kommunales zuständige Ministerium ermächtigt, durch Rechtsverordnung im Benehmen mit dem für Kommunales zuständigen Ausschuss des Landtags und mit der oder dem Beauftragten der Landesregierung für Informationstechnik Vorschriften zur Verwirklichung der in § 47a Abs. 2 bis 5 GO bezeichneten Anforderungen zu erlassen.

Mit der Möglichkeit zur Durchführung von Sitzungen in digitaler und hybrider Form wird absolutes Neuland betreten.

Für Ausschüsse und Bezirksvertretungen kann die Hauptsatzung sogar auch über die besonderen Ausnahmefälle des § 47a Abs. 1 Satz 1 GO hinaus, gewissermaßen als Regelbetrieb, die Möglichkeit hybrider Sitzungen eröffnen. Da damit für die Mitglieder der Ausschüsse und der Bezirksvertretungen der besseren Vereinbarkeit von Familie, Beruf und Ehrenamt entsprochen und auch für die interessierte Öffentlichkeit die Teilhabe am kommunalpolitischen örtlichen Geschehen gefördert und erleichtert werden kann, ist davon auszugehen, dass die hybride Sitzungsform für Ausschüsse und Bezirksvertretungen künftig in der Praxis zunehmend genutzt wird.

Es ist daher zu begrüßen, dass die Verordnung über die Durchführung digitaler und hybrider Sitzungen kommunaler Vertretungen (Digitalsitzungsverordnung – DigiSiVO) vom 27. April 2022 (GV.

NRW. S. 711) aufgrund der Ermächtigung des § 133 Abs. 4 GO so zeitnah nach Verabschiedung der Änderung der GO erlassen worden ist.

Die Verordnung ist in dieser Textausgabe enthalten. Dabei wurde auch die amtliche Begründung des zuständigen Ministeriums zu der Verordnung (LT-Vorlage 17/6578) wegen ihrer besonderen Bedeutung für die kommunale Praxis mit abgedruckt.

4.7.2 Verordnung zur Regelung der Ansprüche nach § 45 GO

Nach § 133 Abs. 5 GO wird das für Kommunales zuständige Ministerium ermächtigt, durch Rechtsverordnung nähere Vorschriften über die Voraussetzungen der Ansprüche nach § 45 Abs. 1 GO zu treffen und insbesondere die Höhe der zu gewährenden Aufwandsentschädigung durch Festlegung unter anderem von Regelstundensätzen, Höchstbeträgen, Monatspauschalen und Sitzungsgeldern festzusetzen.

Aufgrund der bisher in § 45 Abs. 7 GO (alte Fassung) in ähnlicher Weise enthaltenen Ermächtigung ist die Entschädigungsverordnung erlassen worden, die zuletzt mit Verordnung vom 13. Dezember 2021 (GV. NRW. S. 1414) geändert worden ist.

Erftstadt-Kierdorf, Mai 2022   Ernst-Dieter Bösche

Gemeindeordnung
für das Land Nordrhein-Westfalen
(GO NRW)

in der Fassung der Bekanntmachung vom 14. Juli 1994*)

Inhaltsverzeichnis

---

*)   GV. NW. 1994 S. 666, geändert durch Art. III des Gesetzes zur Einführung des Kommunalwahlrechts für Unionsbürger/-innen vom 12. Dezember 1995 (GV. NW. S. 1198), durch Art. III des Gesetzes zur Regelung der Zuweisungen des Landes Nordrhein-Westfalen an die Gemeinden und Gemeindeverbände im Haushaltsjahr 1996 und zur Regelung des interkommunalen Ausgleichs der finanziellen Beteiligung der Gemeinden am Solidarbeitrag zur Deutschen Einheit im Haushaltsjahr 1996 und zur Änderung anderer Vorschriften vom 20. März 1996 (GV. NW. S. 124), Art. I des Gesetzes zur Stärkung der wirtschaftlichen Betätigung von Gemeinden und Gemeindeverbänden im Bereich der Telekommunikationsleistungen vom 25. November 1997 (GV. NW. S. 422; ber. 1998 S. 210), Art. III des Gesetzes zur Regelung der Zuweisungen des Landes NRW an die Gemeinden und Gemeindeverbände im Haushaltsjahr 1998 und zur Regelung des interkommunalen Ausgleichs der finanziellen Beteiligung der Gemeinden ... vom 17. Dezember 1997 (GV. NW. S. 458), Art. III des Gesetzes zur Regelung der Zuweisungen des Landes NW an die Gemeinden und Gemeindeverbände im Haushaltsjahr 1999 ... vom 17. Dezember 1998 (GV. NW. S. 762), Art. 1 des Ersten Gesetzes zur Modernisierung von Regierung und Verwaltung in NRW vom 15. Juni 1999 (GV. NRW. S. 386), Art. 7 des Gesetzes zur Gleichstellung von Frauen und Männern ... vom 9. November 1999 (GV. NRW. S. 590), Art. IV des

Gesetzes zur Regelung der Zuweisungen des Landes NRW ... vom 17. Dezember 1999 (GV. NRW. S. 718), Art. I des Gesetzes zur weiteren Stärkung der Bürgerbeteiligung in den Kommunen vom 28. März 2000 (GV. NRW. S. 245), Art. 3 Nr. 4 des Schulentwicklungsgesetzes vom 27. November 2001 (GV. NRW. S. 811); geändert durch Art. 1 des Gesetzes vom 30. April 2002 (GV. NRW. S. 160), in Kraft getreten am 1. Januar 2003; geändert durch Art. 1 des Gesetzes vom 29. April 2003 (GV. NRW. S. 254), in Kraft getreten am 15. Mai 2003; Art. 12 des Gesetzes vom 16. Dezember 2003 (GV. NRW. S. 766), in Kraft getreten am 1. Januar 2004; Art. II des Gesetzes vom 3. Februar 2004 (GV. NRW. S. 96), in Kraft getreten am 21. Februar 2004; Art. 2 des Gesetzes vom 16. November 2004 (GV. NRW. S. 644, ber. GV. NRW. 2005 S. 15), in Kraft getreten am 1. Januar 2005; Art. 21 des Dritten Befristungsgesetzes vom 5. April 2005 (GV. NRW. S. 306); in Kraft getreten am 28. April 2005; Art. 1 (Erster Teil) des Gesetzes vom 3. Mai 2005 (GV. NRW. S. 498), in Kraft getreten am 26. Mai 2005; Art. I des Gesetzes zur Stärkung der kommunalen Selbstverwaltung – GO-Reformgesetz vom 9. Oktober 2007 (GV. NRW. S. 380), in Kraft getreten am 17. Oktober 2007 und am 20. Oktober 2009; Art. 2 des Gesetzes über die Zusammenlegung der allgemeinen Kommunalwahlen mit den Europawahlen vom 24. Juni 2008 (GV. NRW S. 514), in Kraft getreten am 16. Juli 2008; Art. I des Gesetzes zur Förderung der politischen Partizipation in den Gemeinden vom 30. Juni 2009 (GV. NRW S. 380), in Kraft getreten am 18. Juli 2009; Art. 4 des Transparenzgesetzes vom 17. Dezember 2009 (GV. NRW. S. 950), in Kraft getreten am 31. Dezember 2009; Art. 1 des Gesetzes vom 21. Dezember 2010 (GV. NRW. S. 688), in Kraft getreten am 29. Dezember 2010; Art. 1 des Gesetzes vom 24. Mai 2011 (GV. NRW. S. 270) und durch Gesetz vom 24. Mai 2011 (GV. NRW. S. 271), jeweils in Kraft getreten am 4. Juni 2011; Art. 1 des Gesetzes vom 25. Oktober 2011 (GV. NRW. S. 539), in Kraft getreten am 22. November 2011; Art. 1 des Gesetzes vom 13. Dezember 2011 (GV. NRW. S. 685), in Kraft getreten am 21. Dezember 2011; Art. 1 des Gesetzes vom 18. September 2012 (GV. NRW. S. 432), in Kraft getreten am 29. September 2012; Art. 1 des Gesetzes vom 18. September 2012 (GV. NRW. S. 436), in Kraft getreten am 29. September 2012; Art. 7 des Gesetzes vom 23. Oktober 2012 (GV. NRW. S. 474), in Kraft getreten am 31. Oktober 2012; Art. 1 des Gesetzes vom 9. April 2013 (GV. NRW. S. 194), in Kraft getreten am 27. April 2013 und 26. Mai 2014 (§ 65 Abs. 6); Art. 3 des Gesetzes vom 1. Oktober 2013 (GV. NRW. S. 564), in Kraft getreten am 19. Oktober 2013; Art. 1 des Gesetzes vom 19. Dezember 2013 (GV. NRW. S. 878), in Kraft getreten am 31. Dezember 2013; Gesetz vom 3. Februar 2015 (GV. NRW. S. 208), in Kraft getreten am 11. Februar 2015; Art. 2 des Gesetzes vom 25. Juni 2015 (GV. NRW. S. 496), in Kraft getreten am 4. Juli 2015; Art. 1 des Gesetzes vom 15. November 2016 (GV. NRW. S. 966), in Kraft getreten am 29. November 2016 und am 1. Januar 2019; Art. 15 des Gesetzes vom 23. Januar 2018 (GV. NRW. S. 90), in Kraft getreten am 2. Februar 2018; Art. 1 des Gesetzes vom 18. Dezember 2018 (GV. NRW. S. 738), in Kraft getreten am 29. Dezember 2018 und am 24. April 2019; Art. 1 des Gesetzes vom 18. Dezember 2018 (GV. NRW. S. 759, ber. 2019 S. 23), in Kraft getreten am 1. Januar 2019; Art. 5 des Gesetzes vom 11. April 2019 (GV. NRW. S. 202), in Kraft getreten am 24. April 2019; Art. 4 des Gesetzes vom 14. April 2020 (GV. NRW. S. 218b, ber. S. 304a), in Kraft getreten am 15. April

2020; Art. 3 des Gesetzes vom 29. September 2020 (GV. NRW. S. 916), in Kraft getreten am 1. Oktober 2020 und am 1. November 2020; Art. 7 des Gesetzes vom 14. September 2021 (GV. NRW. S. 1072), in Kraft getreten am 1. Juni 2022 durch Bekanntmachung vom 7. März 2022 (GV. NRW. S. 286); Art. 7 des Gesetzes vom 1. Dezember 2021 (GV. NRW. S. 1346), in Kraft getreten am 15. Dezember 2021; Art. 4 des Gesetzes vom 1. Dezember 2021 (GV. NRW. S. 1353), in Kraft getreten am 1. Januar 2022; Art. 3 des Gesetzes vom 25. März 2022 (GV. NRW. S. 412), in Kraft getreten am 15. April 2022; Artikel 1 des Gesetzes vom 13. April 2022 (GV. NRW. S. 490), in Kraft getreten am 26. April *(Nr. 13 und 14 tritt am 1. Januar 2023 in Kraft)*.

1. Teil

Grundlagen der Gemeindeverfassung

§ 1

Wesen der Gemeinden

(1) Die Gemeinden sind die Grundlage des demokratischen Staatsaufbaues. Sie fördern das Wohl der Einwohner in freier Selbstverwaltung durch ihre von der Bürgerschaft gewählten Organe. Sie handeln zugleich in Verantwortung für die zukünftigen Generationen.

(2) Die Gemeinden sind Gebietskörperschaften.

§ 2

Wirkungskreis

Die Gemeinden sind in ihrem Gebiet, soweit die Gesetze nicht ausdrücklich etwas anderes bestimmen, ausschließliche und eigenverantwortliche Träger der öffentlichen Verwaltung.

§ 3

Aufgaben der Gemeinden

(1) Den Gemeinden können nur durch Gesetz Pflichtaufgaben auferlegt werden.

(2) Pflichtaufgaben können den Gemeinden zur Erfüllung nach Weisung übertragen werden; das Gesetz bestimmt den Umfang des Weisungsrechts, das in der Regel zu begrenzen ist. Für die gemeinsame Wahrnehmung von Pflichtaufgaben zur Erfüllung nach Weisung ist der Anwendungsbereich des Gesetzes über kommunale Gemeinschaftsarbeit nur nach Maßgabe der Absätze 5 und 6 sowie des § 4 Abs. 8 eröffnet.

(3) Eingriffe in die Rechte der Gemeinden sind nur durch Gesetz zulässig. Rechtsverordnungen zur Durchführung solcher Gesetze bedürfen der Zustimmung des für die kommunale Selbstverwal-

tung zuständigen Ausschusses des Landtags und, sofern nicht die Landesregierung oder das für Kommunales zuständige Ministerium sie erlassen, der Zustimmung des für Kommunales zuständigen Ministeriums.

(4) Werden den Gemeinden neue Pflichten auferlegt oder werden Pflichten bei der Novellierung eines Gesetzes fortgeschrieben oder erweitert, ist gleichzeitig die Aufbringung der Mittel zu regeln. Führen diese neuen Pflichten zu einer Mehrbelastung der Gemeinden, ist ein entsprechender Ausgleich zu schaffen.

(5) Zur Effizienzsteigerung kann eine Gemeinde mit einer benachbarten Gemeinde gemäß §§ 23 ff. des Gesetzes über kommunale Gemeinschaftsarbeit in der Fassung der Bekanntmachung vom 1. Oktober 1979 (GV. NRW. S. 621) in der jeweils geltenden Fassung vereinbaren, dass ihr gemäß § 3 Abs. 2 übertragene Aufgaben von der benachbarten Gemeinde übernommen oder für sie durchgeführt werden. Satz 1 gilt auch für den Abschluss einer öffentlich-rechtlichen Vereinbarung zwischen einer kreisfreien Stadt und einem benachbarten Kreis.

(6) Absatz 5 gilt nur, soweit

– Bundesrecht oder Recht der Europäischen Gemeinschaften nicht entgegensteht, oder

– der Abschluss einer öffentlich-rechtlichen Vereinbarung nicht durch Gesetz oder Rechtsverordnung ausdrücklich eingeschränkt oder ausgeschlossen ist, oder

– durch die beabsichtigte Aufgabenverlagerung schutzwürdige Belange Dritter nicht unangemessen beeinträchtigt werden oder Gründe des öffentlichen Wohls nicht entgegenstehen.

§ 4
Zusätzliche Aufgaben kreisangehöriger Gemeinden

(1) Mittleren kreisangehörigen Städten (Absatz 2) und Großen kreisangehörigen Städten (Absatz 3) können neben den Aufgaben nach den §§ 2 und 3 zusätzliche Aufgaben durch Gesetz oder Rechtsverordnung übertragen werden.

(2) Eine kreisangehörige Gemeinde ist auf eigenen Antrag zur Mittleren kreisangehörigen Stadt zu bestimmen, wenn ihre maßgebliche Einwohnerzahl an drei aufeinanderfolgenden Stichtagen (Absatz 7) mehr als 20.000 Einwohner beträgt. Sie ist von Amts wegen zur Mittleren kreisangehörigen Stadt zu bestimmen, wenn ihre maßgebliche Einwohnerzahl an fünf aufeinanderfolgenden Stichtagen ab dem 31. Dezember 2017 (Absatz 7) mehr als 25.000 Einwohner beträgt.

(3) Eine kreisangehörige Gemeinde ist auf eigenen Antrag zur Großen kreisangehörigen Stadt zu bestimmen, wenn ihre maßgebliche Einwohnerzahl an drei aufeinanderfolgenden Stichtagen (Absatz 7) mehr als 50.000 Einwohner beträgt. Sie ist von Amts wegen zur Großen kreisangehörigen Stadt zu bestimmen, wenn ihre maßgebliche Einwohnerzahl an fünf aufeinanderfolgenden Stichtagen ab dem 31. Dezember 2017 (Absatz 7) mehr als 60.000 Einwohner beträgt.

(4) Eine Große kreisangehörige Stadt ist auf eigenen Antrag zur Mittleren kreisangehörigen Stadt zu bestimmen, wenn ihre maßgebliche Einwohnerzahl an fünf aufeinanderfolgenden Stichtagen (Absatz 7) weniger als 50.000 Einwohner beträgt. Sie ist von Amts wegen zur Mittleren kreisangehörigen Stadt zu bestimmen, wenn ihre maßgebliche Einwohnerzahl an fünf aufeinanderfolgenden Stichtagen (Absatz 7) weniger als 45.000 Einwohner beträgt.

(5) Eine Mittlere kreisangehörige Stadt oder eine Große kreisangehörige Stadt ist auf eigenen Antrag in der Rechtsverordnung (Absatz 6) zu streichen, wenn ihre maßgebliche Einwohnerzahl an fünf aufeinanderfolgenden Stichtagen (Absatz 7) weniger als 20.000 Einwohner beträgt. Sie ist von Amts wegen in der Rechtsverordnung (Absatz 6) zu streichen, wenn ihre maßgebliche Einwohnerzahl an fünf aufeinanderfolgenden Stichtagen (Absatz 7) weniger als 15.000 Einwohner beträgt.

(6) Über Anträge nach den Absätzen 2 bis 5 entscheidet das für Kommunales zuständige Ministerium. Ihnen ist zu entsprechen, wenn zwingende übergeordnete Interessen nicht entgegenstehen. Die Bestimmung kreisangehöriger Gemeinden zur Mittleren oder

Großen kreisangehörigen Stadt erfolgt durch Rechtsverordnung der Landesregierung. Änderungen dieser Rechtsverordnung treten zum 1. Januar des auf die Verkündung folgenden übernächsten Kalenderjahres in Kraft.

(7) Maßgeblich ist die jeweils auf den 30. Juni und 31. Dezember eines jeden Jahres fortgeschriebene Bevölkerungszahl (Stichtage), die vom Landesbetrieb Information und Technik Nordrhein-Westfalen – Geschäftsbereich Statistik – veröffentlicht wird.

(8) Eine Gemeinde kann gemäß §§ 23 ff. des Gesetzes über kommunale Gemeinschaftsarbeit

a) mit einer oder mehreren benachbarten Gemeinden vereinbaren, eine oder mehrere Aufgaben nach Absatz 1 in der Form gemeinsam wahrzunehmen, dass eine der Gemeinden die Aufgabe übernimmt oder für die übrigen Beteiligten durchführt,

b) als Mittlere oder Große kreisangehörige Stadt mit dem Kreis vereinbaren, dass eine oder mehrere ihr nach Absatz 1 übertragene Aufgaben vom Kreis übernommen werden.

In den Fällen des Buchstaben a) muss die Summe der Einwohnerzahl der beteiligten Gemeinden die jeweilige Einwohnerzahl des Absatzes 2 Satz 1 oder des Absatzes 3 Satz 1 überschreiten (additiver Schwellenwert). Die Gemeinde gilt insoweit als Mittlere bzw. Große kreisangehörige Stadt. Die Absätze 4 und 5 gelten entsprechend. Soweit durch die Vereinbarung Aufgaben vom Kreis auf die Gemeinde übergehen, ist das Benehmen mit dem abgebenden Kreis erforderlich. Der Kreis gilt insoweit als Beteiligter im Sinne von § 29 Abs. 4 des Gesetzes über kommunale Gemeinschaftsarbeit. § 3 Abs. 6 gilt entsprechend.

§ 5

Gleichstellung von Frau und Mann

(1) Die Verwirklichung des Verfassungsgebots der Gleichberechtigung von Frau und Mann ist auch eine Aufgabe der Gemeinden. Zur Wahrnehmung dieser Aufgabe können die Gemeinden Gleichstellungsbeauftragte bestellen.

(2) In kreisangehörigen Städten und Gemeinden mit mehr als 10.000 Einwohnern sowie in kreisfreien Städten sind hauptamtlich tätige Gleichstellungsbeauftragte zu bestellen.

(3) Die Gleichstellungsbeauftragte wirkt bei allen Vorhaben und Maßnahmen der Gemeinde mit, die die Belange von Frauen berühren oder Auswirkungen auf die Gleichberechtigung von Frau und Mann und die Anerkennung ihrer gleichberechtigten Stellung in der Gesellschaft haben.

(4) Die Gleichstellungsbeauftragte kann in Angelegenheiten ihres Aufgabenbereiches an den Sitzungen des Verwaltungsvorstands, des Rates und seiner Ausschüsse teilnehmen. Ihr ist auf Wunsch das Wort zuzuteilen. Sie kann die Öffentlichkeit über Angelegenheiten ihres Aufgabenbereichs unterrichten.

(5) Die Gleichstellungsbeauftragte kann in Angelegenheiten, die ihren Aufgabenbereich berühren, den Beschlussvorlagen des Bürgermeisters widersprechen; in diesem Fall hat der Bürgermeister den Rat zu Beginn der Beratung auf den Widerspruch und seine wesentlichen Gründe hinzuweisen.

(6) Das Nähere zu den Absätzen 3 bis 5 regelt die Hauptsatzung.

§ 6

Geheimhaltung

Die Gemeinden sind verpflichtet, Angelegenheiten der zivilen Verteidigung, die auf Anordnung der zuständigen Behörde oder ihrem Wesen nach gegen die Kenntnis Unbefugter geschützt werden müssen, geheimzuhalten. Sie haben hierbei Weisungen der Landesregierung auf dem Gebiet des Geheimschutzes zu beachten.

§ 7

Satzungen

(1) Die Gemeinden können ihre Angelegenheiten durch Satzung regeln, soweit Gesetze nichts anderes bestimmen. Satzungen bedürfen der Genehmigung der Aufsichtsbehörde nur, wenn dies gesetzlich ausdrücklich vorgeschrieben ist.

(2) In den Satzungen können vorsätzliche und fahrlässige Zuwiderhandlungen gegen Gebote und Verbote mit Bußgeld bedroht werden. Zuständige Verwaltungsbehörde im Sinne des § 36 Abs. 1 Nr. 1 des Gesetzes über Ordnungswidrigkeiten ist der Bürgermeister.

(3) Jede Gemeinde hat eine Hauptsatzung zu erlassen. In ihr ist mindestens zu ordnen, was nach den Vorschriften dieses Gesetzes der Hauptsatzung vorbehalten ist. Die Hauptsatzung und ihre Änderung kann der Rat nur mit der Mehrheit der gesetzlichen Zahl der Mitglieder beschließen.

(4) Satzungen sind öffentlich bekanntzumachen. Sie treten, wenn kein anderer Zeitpunkt bestimmt ist, mit dem Tage nach der Bekanntmachung in Kraft.

(5) Das für Kommunales zuständige Ministerium bestimmt durch Rechtsverordnung, welche Verfahrens- und Formvorschriften bei der öffentlichen Bekanntmachung von Satzungen und sonstigen ortsrechtlichen Bestimmungen einzuhalten sind, soweit nicht andere Gesetze hierüber besondere Regelungen enthalten.

(6) Die Verletzung von Verfahrens- oder Formvorschriften dieses Gesetzes kann gegen Satzungen, sonstige ortsrechtliche Bestimmungen und Flächennutzungspläne nach Ablauf von sechs Monaten seit ihrer Verkündung nicht mehr geltend gemacht werden, es sei denn,

a) eine vorgeschriebene Genehmigung fehlt oder ein vorgeschriebenes Anzeigeverfahren wurde nicht durchgeführt,

b) die Satzung, die sonstige ortsrechtliche Bestimmung oder der Flächennutzungsplan ist nicht ordnungsgemäß öffentlich bekanntgemacht worden,

c) der Bürgermeister hat den Ratsbeschluß vorher beanstandet oder

d) der Form- oder Verfahrensmangel ist gegenüber der Gemeinde vorher gerügt und dabei die verletzte Rechtsvorschrift und die Tatsache bezeichnet worden, die den Mangel ergibt.

Bei der öffentlichen Bekanntmachung der Satzung, der sonstigen ortsrechtlichen Bestimmung und des Flächennutzungsplans ist auf die Rechtsfolgen nach Satz 1 hinzuweisen.

(7) Die Gemeinden bestimmen in ihrer Hauptsatzung die Form der öffentlichen Bekanntmachung für die nach diesem Gesetz oder anderen Rechtsvorschriften vorgeschriebenen sonstigen öffentlichen Bekanntmachungen, soweit nicht andere Gesetze hierüber besondere Regelungen enthalten. Für die Form und den Vollzug der Bekanntmachung gilt die Rechtsverordnung nach Absatz 5 entsprechend.

§ 8

Gemeindliche Einrichtungen und Lasten

(1) Die Gemeinden schaffen innerhalb der Grenzen ihrer Leistungsfähigkeit die für die wirtschaftliche, soziale und kulturelle Betreuung ihrer Einwohner erforderlichen öffentlichen Einrichtungen.

(2) Alle Einwohner einer Gemeinde sind im Rahmen des geltenden Rechts berechtigt, die öffentlichen Einrichtungen der Gemeinde zu benutzen und verpflichtet, die Lasten zu tragen, die sich aus ihrer Zugehörigkeit zu der Gemeinde ergeben.

(3) Grundbesitzer und Gewerbetreibende, die nicht in der Gemeinde wohnen, sind in gleicher Weise berechtigt, die öffentlichen Einrichtungen zu benutzen, die in der Gemeinde für Grundbesitzer und Gewerbetreibende bestehen, und verpflichtet, für ihren Grundbesitz oder Gewerbebetrieb im Gemeindegebiet zu den Gemeindelasten beizutragen.

(4) Diese Vorschriften gelten entsprechend für juristische Personen und für Personenvereinigungen.

§ 9

Anschluß- und Benutzungszwang

Die Gemeinden können bei öffentlichem Bedürfnis durch Satzung für die Grundstücke ihres Gebiets den Anschluß an Wasserleitung, Kanalisation und ähnliche der Volksgesundheit dienende Einrichtungen sowie an Einrichtungen zur Versorgung mit Fernwärme

(Anschlußzwang) und die Benutzung dieser Einrichtungen und der Schlachthöfe (Benutzungszwang) vorschreiben. Die Satzung kann Ausnahmen vom Anschluß- und Benutzungszwang zulassen. Sie kann den Zwang auch auf bestimmte Teile des Gemeindegebiets und auf bestimmte Gruppen von Grundstücken oder Personen beschränken. Im Falle des Anschluß- und Benutzungszwangs für Fernwärme soll die Satzung zum Ausgleich von sozialen Härten angemessene Übergangsregelungen enthalten.

§ 10

Wirtschaftsführung

Die Gemeinden haben ihr Vermögen und ihre Einkünfte so zu verwalten, daß die Gemeindefinanzen gesund bleiben. Auf die wirtschaftliche Leistungsfähigkeit der Abgabepflichtigen ist Rücksicht zu nehmen.

§ 11

Aufsicht

Die Aufsicht des Landes schützt die Gemeinden in ihren Rechten und sichert die Erfüllung ihrer Pflichten.

§ 12

Funktionsbezeichnungen

Die Funktionsbezeichnungen dieses Gesetzes werden in weiblicher oder männlicher Form geführt.

§ 13

Name und Bezeichnung

(1) Die Gemeinden führen ihren bisherigen Namen. Der Rat kann mit einer Mehrheit von drei Vierteln seiner Mitglieder den Gemeindenamen ändern. Die Änderung des Gemeindenamens bedarf der Genehmigung des für Kommunales zuständigen Ministeriums. Sätze 2 und 3 finden auch in den Fällen Anwendung, in denen der

4

Gemeindename durch Gesetz festgelegt wurde, wenn seit dem Inkrafttreten des Gesetzes zehn Jahre vergangen sind.

(2) Die Bezeichnung „Stadt" führen die Gemeinden, denen diese Bezeichnung nach dem bisherigen Recht zusteht. Sobald eine Gemeinde als Mittlere kreisangehörige Stadt zusätzliche Aufgaben wahrzunehmen hat, führt sie unabhängig von der künftigen Einwohnerentwicklung die Bezeichnung „Stadt". Eine kreisangehörige Stadt, in der die Kreisverwaltung ihren Sitz hat, ist berechtigt, die Bezeichnung „Kreisstadt" zu führen.

(3) Die Gemeinden können auch andere Bezeichnungen, die auf der Geschichte oder der heutigen Eigenart oder Bedeutung der Gemeinden beruhen, führen. Der Rat kann mit einer Mehrheit von drei Vierteln seiner Mitglieder diese Bezeichnung bestimmen und ändern. Die Bestimmung und Änderung der Bezeichnung bedarf der Genehmigung des für Kommunales zuständigen Ministeriums.

§ 14

Siegel, Wappen und Flaggen

(1) Die Gemeinden führen Dienstsiegel.

(2) Die Gemeinden führen ihre bisherigen Wappen und Flaggen.

(3) Die Änderung und die Einführung von Dienstsiegeln, Wappen und Flaggen bedürfen der Genehmigung der Aufsichtsbehörde.

2. Teil

Gemeindegebiet

§ 15

Gemeindegebiet

Das Gebiet jeder Gemeinde soll so bemessen sein, daß die örtliche Verbundenheit der Einwohner gewahrt und die Leistungsfähigkeit der Gemeinde zur Erfüllung ihrer Aufgaben gesichert ist.

§ 16

Gebietsbestand

(1) Das Gebiet der Gemeinde besteht aus den Grundstücken, die nach geltendem Recht zu ihr gehören. Grenzstreitigkeiten entscheidet die Aufsichtsbehörde.

(2) Jedes Grundstück soll zu einer Gemeinde gehören.

§ 17

Gebietsänderungen

(1) Aus Gründen des öffentlichen Wohls können Gemeindegrenzen geändert, Gemeinden aufgelöst oder neugebildet werden.

(2) Werden durch die Änderung von Gemeindegrenzen die Grenzen von Gemeindeverbänden berührt, so bewirkt die Änderung der Gemeindegrenzen unmittelbar auch die Änderung der Gemeindeverbandsgrenzen.

§ 18

Gebietsänderungsverträge

(1) Die beteiligten Gemeinden und Gemeindeverbände treffen, soweit erforderlich, Vereinbarungen über die aus Anlaß einer Gebietsänderung zu regelnden Einzelheiten (Gebietsänderungsverträge). In diese Verträge sind insbesondere die für die Auseinandersetzung, die Rechtsnachfolge und die Überleitung des Ortsrechts notwendigen Bestimmungen aufzunehmen.

(2) Gebietsänderungsverträge bedürfen der Genehmigung der Aufsichtsbehörde. Kommt ein Gebietsänderungsvertrag nicht zustande, so bestimmt die Aufsichtsbehörde die aus Anlaß der Gebietsänderung zu regelnden Einzelheiten.

§ 19

Verfahren bei Gebietsänderungen

(1) Die Gemeinden haben vor Aufnahme von Verhandlungen über Änderungen ihres Gebiets die Aufsichtsbehörde zu unterrichten.

(2) Vor jeder Gebietsänderung ist der Wille der betroffenen Bevölkerung in der Weise festzustellen, daß den Räten der beteiligten Gemeinden Gelegenheit zur Stellungnahme gegeben wird. Außerdem sind die Gemeindeverbände zu hören, deren Grenzen durch die Gebietsänderung berührt werden.

(3) Änderungen des Gemeindegebiets bedürfen eines Gesetzes. In Fällen von geringer Bedeutung kann die Änderung von Gemeindegrenzen durch die Bezirksregierung ausgesprochen werden, wenn die Grenzen von Regierungsbezirken berührt werden, ist das für Kommunales zuständige Ministerium zuständig. Geringe Bedeutung hat eine Grenzänderung, wenn sie nicht mehr als 10 vom Hundert des Gemeindegebiets der abgebenden Gemeinde und nicht mehr als insgesamt 200 Einwohner erfaßt. Die Sätze 2 und 3 finden auch in dem Falle Anwendung, daß eine Gemeindegrenze durch Gesetz festgelegt wurde, wenn seit dem Inkrafttreten des Gesetzes zehn Jahre vergangen sind; gesetzliche Vorschriften, die die Änderung von Gemeindegrenzen bereits zu einem früheren Zeitpunkt zulassen, bleiben unberührt.

(4) In dem Gesetz oder in der Entscheidung nach Absatz 3 Satz 2 sind die Gebietsänderungsverträge oder die Bestimmungen der Aufsichtsbehörde über die Einzelheiten der Gebietsänderung zu bestätigen.

§ 20

Wirkungen der Gebietsänderung

(1) Der Ausspruch der Änderung des Gemeindegebiets und die Entscheidung über die Auseinandersetzung begründen Rechte und Pflichten der Beteiligten. Sie bewirken den Übergang, die Be-

schränkung oder Aufhebung von dinglichen Rechten, sofern der Gebietsänderungsvertrag oder die Entscheidung über die Auseinandersetzung derartiges vorsehen. Die Aufsichtsbehörde ersucht die zuständigen Behörden um die Berichtigung des Grundbuchs, des Wasserbuchs und anderer öffentlicher Bücher. Sie kann Unschädlichkeitszeugnisse ausstellen.

(2) Rechtshandlungen, die aus Anlaß der Änderung des Gemeindegebiets erforderlich sind, sind frei von öffentlichen Abgaben sowie von Gebühren und Auslagen, soweit diese auf Landesrecht beruhen.

3. Teil

Einwohner und Bürger

§ 21

Einwohner und Bürger

(1) Einwohner ist, wer in der Gemeinde wohnt.

(2) Bürger ist, wer zu den Gemeindewahlen wahlberechtigt ist.

§ 22

Pflichten der Gemeinden gegenüber ihren Einwohnern

(1) Die Gemeinden sind in den Grenzen ihrer Verwaltungskraft ihren Einwohnern bei der Einleitung von Verwaltungsverfahren behilflich, auch wenn für deren Durchführung eine andere Behörde zuständig ist. Zur Rechtsberatung sind die Gemeinden nicht verpflichtet.

(2) Die Gemeinden haben Vordrucke für Anträge, Anzeigen und Meldungen, die ihnen von anderen Behörden überlassen werden, bereitzuhalten.

(3) Soweit Anträge beim Kreis oder bei der Bezirksregierung einzureichen sind, haben die Gemeinden die Anträge entgegenzunehmen und unverzüglich an die zuständige Behörde weiterzuleiten.

Die Einreichung bei der Gemeinde gilt als Antragstellung bei der zuständigen Behörde, soweit Bundesrecht nicht entgegensteht. Durch Rechtsverordnung des für Kommunales zuständigen Ministeriums können Anträge, die bei anderen Behörden zu stellen sind, in diese Regelung einbezogen werden.

§ 23
Unterrichtung der Einwohner

(1) Der Rat unterrichtet die Einwohner über die allgemein bedeutsamen Angelegenheiten der Gemeinde. Bei wichtigen Planungen und Vorhaben der Gemeinde, die unmittelbar raum- oder entwicklungsbedeutsam sind oder das wirtschaftliche, soziale oder kulturelle Wohl ihrer Einwohner nachhaltig berühren, sollen die Einwohner möglichst frühzeitig über die Grundlagen sowie Ziele, Zwecke und Auswirkungen unterrichtet werden.

(2) Die Unterrichtung ist in der Regel so vorzunehmen, daß Gelegenheit zur Äußerung und zur Erörterung besteht. Zu diesem Zweck kann der Rat Versammlungen der Einwohner anberaumen, die auf Gemeindebezirke (Ortschaften) beschränkt werden können. Die näheren Einzelheiten, insbesondere die Beteiligung der Bezirksvertretungen in den kreisfreien Städten, sind in der Hauptsatzung zu regeln. Vorschriften über eine förmliche Beteiligung oder Anhörung bleiben unberührt.

(3) Ein Verstoß gegen die Absätze 1 und 2 berührt die Rechtmäßigkeit der Entscheidung nicht.

§ 24
Anregungen und Beschwerden

(1) Jede Einwohnerin oder jeder Einwohner der Gemeinde, die oder der seit mindestens drei Monaten in der Gemeinde wohnt, hat das Recht, sich einzeln oder in Gemeinschaft mit anderen in Textform nach § 126b des Bürgerlichen Gesetzbuches mit Anregungen oder Beschwerden in Angelegenheiten der Gemeinde an den Rat oder die Bezirksvertretung zu wenden. Die Zuständigkeiten der

Ausschüsse, der Bezirksvertretungen und des Bürgermeisters werden hierdurch nicht berührt. Die Erledigung von Anregungen und Beschwerden kann der Rat einem Ausschuß übertragen. Der Antragsteller ist über die Stellungnahme zu den Anregungen und Beschwerden zu unterrichten.

(2) Die näheren Einzelheiten regelt die Hauptsatzung.

§ 25

Einwohnerantrag

(1) Einwohner, die seit mindestens drei Monaten in der Gemeinde wohnen und das 14. Lebensjahr vollendet haben, können beantragen, daß der Rat über eine bestimmte Angelegenheit, für die er gesetzlich zuständig ist, berät und entscheidet.

(2) Der Antrag muß in Textform eingereicht werden. Er muß ein bestimmtes Begehren und eine Begründung enthalten. Er muß bis zu drei Personen benennen, die berechtigt sind, die Unterzeichnenden zu vertreten. Die Verwaltung ist in den Grenzen ihrer Verwaltungskraft ihren Einwohnern bei der Einleitung eines Einwohnerantrages behilflich.

(3) Der Einwohnerantrag muß unterzeichnet sein,

1. in kreisangehörigen Gemeinden von mindestens 5 vom Hundert der Einwohner, höchstens jedoch von 4.000 Einwohnern,

2. in kreisfreien Städten von mindestens 4 vom Hundert der Einwohner, höchstens jedoch 8.000 Einwohnern.

§ 4 Absatz 7 gilt entsprechend.

(4) Jede Liste mit Unterzeichnungen muß den vollen Wortlaut des Antrags enthalten. Eintragungen, welche die Person des Unterzeichners nach Namen, Vornamen, Geburtsdatum und Anschrift nicht zweifelsfrei erkennen lassen, sind ungültig. Die Angaben werden von der Gemeinde geprüft.

(5) Der Antrag ist nur zulässig, wenn nicht in derselben Angelegenheit innerhalb der letzten zwölf Monate bereits ein Antrag gestellt wurde.

(6) Die Voraussetzungen der Absätze 1 bis 5 müssen im Zeitpunkt des Eingangs des Antrags bei der Gemeinde erfüllt sein.

(7) Der Rat stellt unverzüglich fest, ob der Einwohnerantrag zulässig ist. Er hat unverzüglich darüber zu beraten und zu entscheiden, spätestens innerhalb von vier Monaten nach seinem Eingang. Den Vertretern des Einwohnerantrags soll Gelegenheit gegeben werden, den Antrag in der Ratssitzung zu erläutern.

(8) In kreisfreien Städten kann ein Einwohnerantrag an eine Bezirksvertretung gerichtet werden, wenn es sich um eine Angelegenheit handelt, für welche die Bezirksvertretung zuständig ist. Die Absätze 1 bis 7 gelten entsprechend mit der Maßgabe, daß

1. antrags- und unterzeichnungsberechtigt ist, wer im Stadtbezirk wohnt und

2. die Berechnung der erforderlichen Unterzeichnungen sich nach der Zahl der im Stadtbezirk wohnenden Einwohner richtet.

(9) Das für Kommunales zuständige Ministerium kann durch Rechtsverordnung das Nähere über die Durchführung des Einwohnerantrags regeln.

§ 26

Bürgerbegehren und Bürgerentscheid

(1) Die Bürger können beantragen (Bürgerbegehren), daß sie an Stelle des Rates über eine Angelegenheit der Gemeinde selbst entscheiden (Bürgerentscheid). Der Rat kann mit einer Mehrheit von zwei Dritteln der gesetzlichen Zahl der Mitglieder beschließen, dass über eine Angelegenheit der Gemeinde ein Bürgerentscheid stattfindet (Ratsbürgerentscheid). Absatz 2 Satz 1 sowie die Absätze 5, 7, 8 und 10 gelten entsprechend.

(2) Das Bürgerbegehren muss in Textform nach § 126b des Bürgerlichen Gesetzbuches eingereicht werden und die zur Entscheidung zu bringende Frage sowie eine Begründung enthalten. Es muss bis zu drei Bürger benennen, die berechtigt sind, die Unterzeichnenden zu vertreten (Vertretungsberechtigte). Bürger, die beabsichtigen, ein Bürgerbegehren durchzuführen, teilen dies der Verwaltung in

Textform nach § 126b des Bürgerlichen Gesetzbuches mit. Die Verwaltung ist in den Grenzen ihrer Verwaltungskraft ihren Bürgern bei der Einleitung eines Bürgerbegehrens behilflich. Sie teilt den Vertretungsberechtigten in Textform nach § 126b des Bürgerlichen Gesetzbuches eine Einschätzung der mit der Durchführung der verlangten Maßnahme verbundenen Kosten (Kostenschätzung) mit. Die Kostenschätzung der Verwaltung ist bei der Sammlung der Unterschriften nach Absatz 4 anzugeben. Wenn die Kostenschätzung nach Satz 5 vorliegt, können die Vertretungsberechtigten nach Satz 2 beantragen zu entscheiden, ob das Bürgerbegehren mit Ausnahme der Voraussetzungen des Absatzes 4 zulässig ist. Der Antrag ist in der gemäß § 25 Absatz 4 vorgeschriebenen Form einschließlich der zur Entscheidung zu bringenden Frage, der Begründung sowie der anzugebenden Kostenschätzung vorzulegen und von den Vertretungsberechtigten sowie mindestens 25 Bürgern zu unterzeichnen. Über den Antrag hat der Rat innerhalb von acht Wochen zu entscheiden. Der Rat kann in der Hauptsatzung die Entscheidung über den Antrag nach Satz 7 auf den Hauptausschuss übertragen, der ebenfalls innerhalb von acht Wochen zu entscheiden hat. Absatz 6 Satz 3 und 6 gilt entsprechend.

(3) Richtet sich ein Bürgerbegehren gegen einen Beschluß des Rates, muß es innerhalb von sechs Wochen nach der Bekanntmachung des Beschlusses eingereicht sein. Gegen einen Beschluß, der nicht der Bekanntmachung bedarf, beträgt die Frist drei Monate nach dem Sitzungstag. Nach der Mitteilung nach Absatz 2 Satz 3 ist der Ablauf der Fristen aus Satz 1 und Satz 2 bis zur Mitteilung der Verwaltung nach Absatz 2 Satz 5 gehemmt. Nach einem Antrag nach Absatz 2 Satz 7 ist der Ablauf der Fristen aus Satz 1 und Satz 2 bis zur Entscheidung nach Absatz 2 Satz 9 gehemmt.

(4) Ein Bürgerbegehren muss in Gemeinden

– bis	10.000 Einwohner von	10 %
– bis	20.000 Einwohner von	9 %
– bis	30.000 Einwohner von	8 %
– bis	50.000 Einwohner von	7 %
– bis	100.000 Einwohner von	6 %

– bis	200.000 Einwohner von	5 %
– bis	500.000 Einwohner von	4 %
– über	500.000 Einwohner von	3 %

der Bürger unterzeichnet sein.

Maßgeblich ist die bei der letzten allgemeinen Kommunalwahl festgestellte Zahl der Wahlberechtigten. Für die Zahl der Einwohner gilt § 4 Absatz 7 entsprechend. Nach Absatz 2 Satz 8 erfolgte Unterzeichnungen sind anzurechnen. Die Angaben werden von der Gemeinde geprüft. Im übrigen gilt § 25 Abs. 4 entsprechend.

(5) Ein Bürgerbegehren ist unzulässig über

1. die innere Organisation der Gemeindeverwaltung,

2. die Rechtsverhältnisse der Mitglieder des Rates, der Bezirksvertretungen und der Ausschüsse sowie der Bediensteten der Gemeinde,

3. die Haushaltssatzung, die Eröffnungsbilanz, den Jahresabschluss und den Gesamtabschluss der Gemeinde (einschließlich der Wirtschaftspläne und des Jahresabschlusses der Eigenbetriebe) sowie die kommunalen Abgaben und die privatrechtlichen Entgelte,

4. Angelegenheiten, die im Rahmen eines Planfeststellungsverfahrens oder eines förmlichen Verwaltungsverfahrens mit Öffentlichkeitsbeteiligung oder eines abfallrechtlichen, immissionsschutzrechtlichen, wasserrechtlichen oder vergleichbaren Zulassungsverfahrens zu entscheiden sind,

5. die Aufstellung, Änderung, Ergänzung und Aufhebung von Bauleitplänen mit Ausnahme der Entscheidung über die Einleitung des Bauleitplanverfahrens.

Ein Bürgerbegehren darf nur Angelegenheiten zum Gegenstand haben, über die innerhalb der letzten zwei Jahre nicht bereits ein Bürgerentscheid durchgeführt worden ist.

(6) Der Rat stellt unverzüglich fest, ob das Bürgerbegehren zulässig ist. Liegt bereits eine Entscheidung nach Absatz 2 Satz 9 oder Satz 10 vor, so entscheidet der Rat lediglich darüber, ob die Voraus-

setzungen des Absatzes 4 vorliegen. Gegen die ablehnende Entscheidung des Rates können nur die Vertreter des Bürgerbegehrens nach Absatz 2 Satz 2 einen Rechtsbehelf einlegen. Entspricht der Rat dem zulässigen Bürgerbegehren nicht, so ist innerhalb von drei Monaten nach der Entscheidung nach Satz 1 oder Satz 2 ein Bürgerentscheid durchzuführen. Entspricht der Rat dem Bürgerbegehren, so unterbleibt der Bürgerentscheid. Den Vertretern des Bürgerbegehrens soll Gelegenheit gegeben werden, den Antrag in der Sitzung des Rates zu erläutern. Ist die Zulässigkeit des Bürgerbegehrens nach Satz 1 oder Satz 2 abschließend festgestellt, darf bis zur Feststellung des Ergebnisses des Bürgerentscheids eine dem Begehren entgegenstehende Entscheidung der Gemeindeorgane nicht mehr getroffen oder mit dem Vollzug einer derartigen Entscheidung nicht mehr begonnen werden, es sei denn, zu diesem Zeitpunkt haben rechtliche Verpflichtungen der Gemeinde hierzu bestanden (Sperrwirkung des zulässigen Bürgerbegehrens).

(7) Bei einem Bürgerentscheid kann über die gestellte Frage nur mit Ja oder Nein abgestimmt werden. Die Frage ist in dem Sinne entschieden, in dem sie von der Mehrheit der gültigen Stimmen beantwortet wurde, sofern diese Mehrheit in Gemeinden mit

bis zu 50.000 Einwohnern	mindestens 20 Prozent,
über 50.000 bis zu 100.000 Einwohnern	mindestens 15 Prozent,
mehr als 100.000 Einwohnern	mindestens 10 Prozent

der Bürger beträgt.

§ 4 Absatz 7 gilt entsprechend. Bei Stimmengleichheit gilt die Frage als mit Nein beantwortet. Sollen an einem Tag mehrere Bürgerentscheide stattfinden, hat der Rat eine Stichfrage für den Fall zu beschließen, dass die gleichzeitig zur Abstimmung gestellten Fragen in einer miteinander nicht zu vereinbarenden Weise beantwortet werden (Stichentscheid). Es gilt dann diejenige Entscheidung, für die sich im Stichentscheid die Mehrheit der gültigen Stimmen ausspricht. Bei Stimmengleichheit im Stichentscheid gilt der Bürgerentscheid, dessen Frage mit der höchsten Stimmenzahl mehrheitlich beantwortet worden ist.

(8) Der Bürgerentscheid hat die Wirkung eines Ratsbeschlusses. Vor Ablauf von zwei Jahren kann er nur auf Initiative des Rates durch einen neuen Bürgerentscheid abgeändert werden.

(9) In kreisfreien Städten können Bürgerbegehren und Bürgerentscheid in einem Stadtbezirk durchgeführt werden, wenn es sich um eine Angelegenheit handelt, für welche die Bezirksvertretung zuständig ist. Die Absätze 1 bis 8 gelten entsprechend mit der Maßgabe, daß

1. das Bürgerbegehren von im Stadtbezirk wohnenden Bürgern unterzeichnet sein muss,

2. bei einem Bürgerentscheid nur die im Stadtbezirk wohnenden Bürger stimmberechtigt sind,

3. die Bezirksvertretung mit Ausnahme der Entscheidung nach Absatz 6 Satz 1 an die Stelle des Rates tritt.

(10) Das für Kommunales zuständige Ministerium kann durch Rechtsverordnung das Nähere über die Durchführung des Bürgerbegehrens und des Bürgerentscheids regeln. Dabei sind die § 32 Abs. 6, § 34a und § 41 der Kommunalwahlordnung zu berücksichtigen.

§ 26a

Transparenzpflichten bei Bürgerbegehren und Bürgerentscheid

(1) Die Unterlagen zur Einreichung eines Bürgerbegehrens müssen eine Erklärung darüber enthalten, ob und in welcher Gesamthöhe die nach § 26 Absatz 2 Satz 2 genannten Vertretungsberechtigten Zuwendungen von Dritten für die Vorbereitung und Durchführung des Bürgerbegehrens erhalten oder eigene Mittel dafür eingesetzt haben. Zuwendungen eines einzelnen Zuwenders für den Zweck der Vorbereitung und Durchführung des Bürgerbegehrens, deren Gesamtwert 10.000 Euro übersteigt, sind unter Angabe des Namens und der Anschrift des Zuwenders sowie der Gesamthöhe der Zuwendung anzugeben.

(2) Erhalten die Vertretungsberechtigten des Bürgerbegehrens nach Antragstellung eine Zuwendung, die alleine oder zusammen mit weiteren Zuwendungen dieses Zuwenders den Gesamtwert von 10.000 Euro übersteigt, teilen die Vertretungsberechtigten dies dem Bürgermeister unverzüglich mit. Wird über die Frage des Bürgerbegehrens ein Bürgerentscheid durchgeführt, besteht die Mitteilungspflicht bis zu dessen Abschluss fort.

(3) Im Falle der Durchführung eines Bürgerentscheids veröffentlicht der Bürgermeister die Erklärungen und Mitteilungen der Vertretungsberechtigten 16 Tage vor dem Bürgerentscheid über eine öffentliche Bekanntmachung. Sofern nach dieser Frist weitere Erklärungen und Mitteilungen eingehen, veröffentlicht sie der Bürgermeister in geeigneter Weise spätestens am Tag vor dem Bürgerentscheid. In Fällen nach Satz 2 ist eine vereinfachte Bekanntmachung möglich.

(4) Die Vertretungsberechtigten versichern bei der Einreichung eines Bürgerbegehrens an Eides statt, dass der Mitteilungspflicht vollständig und richtig nachgekommen worden ist. Wird über die Frage des Bürgerbegehrens ein Bürgerentscheid durchgeführt, müssen die Vertretungsberechtigten 16 Tage vor dem Entscheid die Erklärung an Eides statt erneuern.

§ 27
Politische Teilhabe von Menschen mit Einwanderungsgeschichte

(1) In einer Gemeinde, in der mindestens 5.000 ausländische Einwohner ihre Hauptwohnung haben, ist ein Integrationsrat zu bilden.

In einer Gemeinde, in der mindestens 2.000 ausländische Einwohner ihre Hauptwohnung haben, ist ein Integrationsrat zu bilden, wenn mindestens 200 Wahlberechtigte gemäß Absatz 3 Satz 1 es beantragen.

In anderen Gemeinden kann ein Integrationsrat gebildet werden.

Der Integrationsrat wird gebildet, indem die Mitglieder nach Absatz 2 Satz 1 gewählt werden und die vom Rat nach Absatz 2 Satz 4 bestellten Ratsmitglieder hinzutreten. Die Zahl der nach Absatz 2 Satz 1 zu wählenden Mitglieder muss die Zahl der nach Absatz 2 Satz 4 zu bestellenden Ratsmitglieder übersteigen.

(2) In allgemeiner, unmittelbarer, freier, gleicher und geheimer Wahl werden für die Dauer der Wahlperiode des Rates die Mitglieder nach Listen oder als Einzelbewerber gewählt. Für die Mitglieder nach Listen und die Einzelbewerber können Stellvertreter gewählt werden.

Die Wahl der Mitglieder findet am Tag der Kommunalwahl statt; in den Fällen des Absatz 1 Satz 2 und 3 ist auch eine spätere Wahl zulässig.

Für den Integrationsrat bestellt der Rat aus seiner Mitte die weiteren Mitglieder. Die Bestellung von Stellvertretern ist zulässig.

(3) Wahlberechtigt ist, wer

1. nicht Deutscher im Sinne des Artikels 116 Absatz 1 des Grundgesetzes ist,

2. eine ausländische Staatsangehörigkeit besitzt,

3. die deutsche Staatsangehörigkeit durch Einbürgerung erhalten hat oder

4. die deutsche Staatsangehörigkeit nach § 4 Absatz 3 des Staatsangehörigkeitsgesetzes in der im Bundesgesetzblatt Teil III, Gliederungsnummer 102-1, veröffentlichten bereinigten Fassung, zuletzt geändert durch Artikel 1 des Gesetzes vom 28. August 2013 (BGBl. I S. 3458), erworben hat.

Darüber hinaus muss die Person am Wahltag

1. 16 Jahre alt sein,

2. sich seit mindestens einem Jahr im Bundesgebiet rechtmäßig aufhalten und

3. mindestens seit dem sechzehnten Tag vor der Wahl in der Gemeinde ihre Hauptwohnung haben.

Die Gemeinde erstellt ein Wählerverzeichnis und benachrichtigt die Wahlberechtigten. Wahlberechtigte, die nicht in dem Wählerverzeichnis eingetragen sind, können sich bis zum zwölften Tag vor der Wahl in das Wählerverzeichnis eintragen lassen. Sie haben den Nachweis über ihre Wahlberechtigung zu führen.

(4) Nicht wahlberechtigt sind Ausländer

1. auf die das Aufenthaltsgesetz in der Fassung der Bekanntmachung vom 25. Februar 2008 (BGBl. I S. 162), zuletzt geändert durch Artikel 1 des Gesetzes vom 12. Juli 2018 (BGBl. I S. 1147), nach seinem § 1 Absatz 2 Nummer 2 oder 3 keine Anwendung findet oder

2. die Asylbewerber sind.

(5) Wählbar sind mit Vollendung des 18. Lebensjahres alle wahlberechtigten Personen nach Absatz 3 Satz 1 sowie alle Bürger.

Darüber hinaus muss die Person am Wahltag

1. sich seit mindestens einem Jahr im Bundesgebiet rechtmäßig aufhalten und

2. seit mindestens drei Monaten in der Gemeinde ihre Hauptwohnung haben.

(6) Bei der Feststellung der Zahl der ausländischen Einwohner nach Absatz 1 lässt die Gemeinde die in Absatz 4 bezeichneten Ausländer sowie die Personen, die neben einer ausländischen auch die deutsche Staatsangehörigkeit besitzen, außer Betracht.

(7) Für die Rechtsstellung der nach Absatz 2 Satz 1 gewählten Mitglieder gelten die §§ 30, 31, 32 Absatz 2, 33, 43 Absatz 1, 44 und 45 mit Ausnahme des Absatzes 5 Nummer 1 entsprechend.

Der Integrationsrat wählt aus seiner Mitte einen Vorsitzenden und einen oder mehrere Stellvertreter.

Der Integrationsrat regelt seine inneren Angelegenheiten durch eine Geschäftsordnung.

(8) Rat und Integrationsrat sollen sich über die Themen und Aufgaben der Integration in der Gemeinde abstimmen. Der Integrati-

onsrat kann sich darüber hinaus mit allen Angelegenheiten der Gemeinde befassen. Auf Antrag des Integrationsrates ist eine Anregung oder Stellungnahme des Integrationsrates dem Rat, einer Bezirksvertretung oder einem Ausschuss vorzulegen. Der Vorsitzende des Integrationsrates oder ein anderes vom Integrationsrat benanntes Mitglied ist berechtigt, bei der Beratung dieser Angelegenheit an der Sitzung teilzunehmen; auf sein Verlangen ist ihm dazu das Wort zu erteilen.

(9) Der Integrationsrat soll zu Fragen, die ihm vom Rat, einem Ausschuss, einer Bezirksvertretung oder vom Bürgermeister vorgelegt werden, Stellung nehmen.

(10) Dem Integrationsrat sind die zur Erledigung seiner Aufgaben erforderlichen Mittel zur Verfügung zu stellen. Der Rat kann nach Anhörung des Integrationsrates den Rahmen festlegen, innerhalb dessen der Integrationsrat über ihm vom Rat zugewiesene Haushaltsmittel entscheiden kann.

(11) Für die Wahl zum Integrationsrat nach Absatz 2 Satz 1 gelten die §§ 2, 5 Absatz 1, §§ 9 bis 13, 24 bis 27, 30, 34 bis 46, 47 Satz 1 und § 48 des Kommunalwahlgesetzes entsprechend; § 29 Kommunalwahlgesetz gilt entsprechend, soweit die Gemeinden keine abweichenden Regelungen treffen. Das für Kommunales zuständige Ministerium kann durch Rechtsverordnung das Nähere über die Wahlvorschläge sowie weitere Einzelheiten über die Vorbereitung und Durchführung der Wahl sowie über die Wahlprüfung regeln.

(12) Anstelle eines Integrationsrates kann durch Beschluss des Rates ein beratender Ausschuss (Integrationsausschuss) gebildet werden. Für den Integrationsausschuss gelten die Regelungen für den Integrationsrat entsprechend. Ergänzend sind auf den Integrationsausschuss die § 57 Absatz 4 Satz 1, § 58 und § 58a anzuwenden. Die Zahl der nach Absatz 2 Satz 1 gewählten Mitglieder muss die Zahl der vom Rat nach Absatz 2 Satz 4 bestellten Ratsmitglieder und der vom Rat nach § 58 Absatz 3 bestellten sachkundigen Bürger übertreffen. Der Integrationsausschuss ist wie ein Ratsausschuss in die Beratungsfolge des Rates einzubinden.

§ 27a

Interessenvertretungen, Beauftragte

Die Gemeinde kann zur Wahrnehmung der spezifischen Interessen von Senioren, von Jugendlichen, von Menschen mit Behinderung oder anderen gesellschaftlichen Gruppen besondere Vertretungen bilden oder Beauftragte bestellen. Das Nähere kann durch Satzung geregelt werden.

§ 28

Ehrenamtliche Tätigkeit und Ehrenamt

(1) Der Einwohner ist zu einer nebenberuflichen vorübergehenden Tätigkeit für die Gemeinde verpflichtet (ehrenamtliche Tätigkeit).

(2) Der Bürger ist zur nebenberuflichen Übernahme eines auf Dauer berechneten Kreises von Verwaltungsgeschäften für die Gemeinde verpflichtet (Ehrenamt).

§ 29

Ablehnungsgründe

(1) Einwohner und Bürger können die Übernahme einer ehrenamtlichen Tätigkeit oder eines Ehrenamts ablehnen, ihre Ausübung verweigern oder das Ausscheiden verlangen, wenn ein wichtiger Grund vorliegt.

(2) Ob ein wichtiger Grund vorliegt, entscheidet der Rat, soweit er nicht die Entscheidung dem Bürgermeister überträgt.

(3) Der Rat kann gegen einen Bürger oder Einwohner, der ohne wichtigen Grund die Übernahme einer ehrenamtlichen Tätigkeit oder eines Ehrenamts ablehnt oder ihre Ausübung verweigert, ein Ordnungsgeld bis zu 250 Euro und für jeden Fall der Wiederholung ein Ordnungsgeld bis zu 500 Euro festsetzen. Die Ordnungsgelder werden im Verwaltungszwangsverfahren beigetrieben.

§ 30
Verschwiegenheitspflicht *43 II*

(1) Der zu ehrenamtlicher Tätigkeit oder in ein Ehrenamt Berufene hat, auch nach Beendigung seiner Tätigkeit, über die ihm dabei bekannt gewordenen Angelegenheiten, deren Geheimhaltung ihrer Natur nach erforderlich, besonders vorgeschrieben, vom Rat beschlossen oder vom Bürgermeister angeordnet ist, Verschwiegenheit zu wahren. Ihrer Natur nach geheim sind insbesondere Angelegenheiten, deren Mitteilung an andere dem Gemeinwohl oder dem berechtigten Interesse einzelner Personen zuwiderlaufen würde. Er darf die Kenntnis vertraulicher Angelegenheiten nicht unbefugt verwerten.

(2) Der zu ehrenamtlicher Tätigkeit oder in ein Ehrenamt Berufene darf ohne Genehmigung über Angelegenheiten, über die er Verschwiegenheit zu wahren hat, weder vor Gericht noch außergerichtlich aussagen oder Erklärungen abgeben.

(3) Die Genehmigung, als Zeuge auszusagen, darf nur versagt werden, wenn die Aussage dem Wohle des Bundes oder eines Landes Nachteile bereiten oder die Erfüllung öffentlicher Aufgaben ernstlich gefährden oder erheblich erschweren würde.

(4) Ist der zu ehrenamtlicher Tätigkeit oder in ein Ehrenamt Berufene Beteiligter in einem gerichtlichen Verfahren oder soll sein Vorbringen der Wahrnehmung seiner berechtigten Interessen dienen, so darf die Genehmigung auch dann, wenn die Voraussetzungen des Absatzes 3 erfüllt sind, nur versagt werden, wenn ein zwingendes öffentliches Interesse dies erfordert. Wird sie versagt, so ist der Schutz zu gewähren, den die öffentlichen Interessen zulassen.

(5) Die Genehmigung erteilt bei den vom Rat zu ehrenamtlicher Tätigkeit oder in ein Ehrenamt Berufenen der Rat, im übrigen der Bürgermeister.

(6) Wer die Pflichten nach Absatz 1 oder 2 verletzt, kann zur Verantwortung gezogen werden. Soweit die Tat nicht mit Strafe bedroht ist, gilt § 29 Abs. 3 entsprechend.

§ 31   *50   43*

Ausschließungsgründe

(1) Der zu ehrenamtlicher Tätigkeit oder in ein Ehrenamt Berufene darf weder beratend noch entscheidend mitwirken, wenn die Entscheidung einer Angelegenheit

1. ihm selbst,

2. einem seiner Angehörigen,

3. einer von ihm kraft Gesetzes oder kraft Vollmacht vertretenen natürlichen oder juristischen Person

einen unmittelbaren Vorteil oder Nachteil bringen kann. Unmittelbar ist der Vorteil oder Nachteil, wenn die Entscheidung eine natürliche oder juristische Person direkt berührt.

(2) Das Mitwirkungsverbot gilt auch, wenn der Betreffende

1. bei einer natürlichen Person, einer juristischen Person oder einer Vereinigung, der die Entscheidung einen unmittelbaren Vorteil oder Nachteil bringen kann, gegen Entgelt beschäftigt ist und nach den tatsächlichen Umständen, insbesondere der Art seiner Beschäftigung, ein Interessenwiderstreit anzunehmen ist,

2. Mitglied des Vorstandes, des Aufsichtsrates oder eines gleichartigen Organs einer juristischen Person oder einer Vereinigung ist, der die Entscheidung einen unmittelbaren Vorteil oder Nachteil bringen kann, es sei denn, er gehört den genannten Organen als Vertreter oder auf Vorschlag der Gemeinde an,

3. in anderer als öffentlicher Eigenschaft in der Angelegenheit ein Gutachten abgegeben hat oder sonst tätig geworden ist.

(3) Die Mitwirkungsverbote der Absätze 1 und 2 gelten nicht,

1. wenn der Vorteil oder Nachteil nur darauf beruht, daß jemand einer Berufs- oder Bevölkerungsgruppe angehört, deren gemeinsame Interessen durch die Angelegenheit berührt werden,

2. bei Wahlen zu einer ehrenamtlichen Tätigkeit oder in ein Ehrenamt und für die Abberufung aus solchen Tätigkeiten,

3. bei Wahlen, Wiederwahlen und Abberufungen nach § 71, es sei denn, der Betreffende selbst steht zur Wahl,

4. bei Beschlüssen eines Kollegialorgans, durch die jemand als Vertreter der Gemeinde in Organe der in Absatz 2 Nr. 2 genannten Art entsandt oder aus ihnen abberufen wird; das gilt auch für Beschlüsse, durch die Vorschläge zur Berufung in solche Organe gemacht werden,

5. bei gleichzeitiger Mitgliedschaft in der Vertretung einer anderen Gebietskörperschaft oder deren Ausschüssen, wenn ihr durch die Entscheidung ein Vorteil oder Nachteil erwachsen kann.

(4) Wer annehmen muß, nach Absatz 1 oder 2 von der Mitwirkung ausgeschlossen zu sein, hat den Ausschließungsgrund unaufgefordert der zuständigen Stelle anzuzeigen und den Sitzungsraum zu verlassen; bei einer öffentlichen Sitzung kann er sich in dem für die Zuhörer bestimmten Teil des Sitzungsraumes aufhalten. Für die Entscheidung in Fällen, in denen der Ausschluß streitig bleibt, ist bei Mitgliedern eines Kollegialorgans dieses, sonst der Bürgermeister zuständig. Verstöße gegen die Offenbarungspflicht sind von dem Kollegialorgan durch Beschluß, vom Bürgermeister durch einen schriftlichen Bescheid festzustellen.

(5) Angehörige im Sinne des Absatzes 1 Nr. 2, des § 72, des § 93 Abs. 5, § 103 Abs. 7 und des § 104 Abs. 3 sind

1. der Ehegatte oder die eingetragene Lebenspartnerin oder der eingetragene Lebenspartner,

2. Verwandte und Verschwägerte gerader Linie sowie durch Annahme als Kind verbundene Personen,

3. Geschwister,

4. Kinder der Geschwister,

5. Ehegatten der Geschwister und Geschwister der Ehegatten,

6. eingetragene Lebenspartnerinnen oder Lebenspartner der Geschwister und Geschwister der eingetragenen Lebenspartnerinnen oder Lebenspartner,

7. Geschwister der Eltern.

Die unter den Nummern 1, 2, 5 und 6 genannten Personen gelten nicht als Angehörige, wenn die Ehe rechtswirksam geschieden oder aufgehoben oder die Lebenspartnerschaft aufgehoben ist.

(6) Die Mitwirkung eines wegen Befangenheit Betroffenen kann nach Beendigung der Abstimmung nur geltend gemacht werden, wenn sie für das Abstimmungsergebnis entscheidend war.

§ 32
Treupflicht

(1) Inhaber eines Ehrenamts haben eine besondere Treupflicht gegenüber der Gemeinde. Sie dürfen Ansprüche anderer gegen die Gemeinde nicht geltend machen, es sei denn, daß sie als gesetzliche Vertreter handeln.

(2) Absatz 1 gilt auch für ehrenamtlich Tätige, wenn der Auftrag mit den Aufgaben ihrer ehrenamtlichen Tätigkeit in Zusammenhang steht. Ob diese Voraussetzungen vorliegen, entscheidet bei den vom Rat zu ehrenamtlicher Tätigkeit Berufenen der Rat, im übrigen der Bürgermeister.

§ 33
Entschädigung

Der zu ehrenamtlicher Tätigkeit oder in ein Ehrenamt Berufene hat Anspruch auf Ersatz seiner Auslagen und des Verdienstausfalls. Der Verdienstausfall kann nach § 45 berechnet werden.

§ 34
Ehrenbürgerrecht und Ehrenbezeichnung

(1) Die Gemeinde kann Persönlichkeiten, die sich um sie besonders verdient gemacht haben, das Ehrenbürgerrecht verleihen. Sie kann langjährigen Ratsmitgliedern, Bürgermeisterinnen oder Bür-

germeistern und Ehrenbeamten nach ihrem Ausscheiden eine Ehrenbezeichnung verleihen.

(2) Beschlüsse über die Verleihung oder die Entziehung des Ehrenbürgerrechts und über die Entziehung einer Ehrenbezeichnung fasst der Rat mit einer Mehrheit von zwei Dritteln der gesetzlichen Zahl der Mitglieder.

4. Teil

Bezirke und Ortschaften

§ 35

Stadtbezirke in den kreisfreien Städten

(1) Die kreisfreien Städte sind verpflichtet, das gesamte Stadtgebiet in Stadtbezirke einzuteilen.

(2) Bei der Einteilung des Stadtgebiets in Stadtbezirke soll auf die Siedlungsstruktur, die Bevölkerungsverteilung und die Ziele der Stadtentwicklung Rücksicht genommen werden. Die einzelnen Stadtbezirke sollen eine engere örtliche Gemeinschaft umfassen und nach der Fläche und nach der Einwohnerzahl so abgegrenzt werden, daß sie gleichermaßen bei der Erfüllung gemeindlicher Aufgaben beteiligt werden können; zu diesem Zweck können benachbarte Wohngebiete zu einem Stadtbezirk zusammengefaßt werden. Der Kernbereich des Stadtgebiets soll nicht auf mehrere Stadtbezirke aufgeteilt werden.

(3) Das Stadtgebiet soll in nicht weniger als drei und nicht mehr als zehn Stadtbezirke eingeteilt werden.

(4) Die näheren Einzelheiten regelt die Hauptsatzung. Stadtbezirksgrenzen können nur zum Ende der Wahlperiode des Rates geändert werden.

(5) Die Aufsichtsbehörde kann im Einzelfall zulassen, daß das Stadtgebiet in mehr als zehn Stadtbezirke eingeteilt wird, wenn dies wegen der Abgrenzungsmerkmale nach Absatz 2 erforderlich sein sollte.

§ 36
40 **Bezirksvertretungen in den kreisfreien Städten**

(1) Für jeden Stadtbezirk ist eine Bezirksvertretung zu wählen. Die Mitglieder der Bezirksvertretungen werden in allgemeiner, unmittelbarer, freier, gleicher und geheimer Wahl auf die Dauer von fünf Jahren gewählt. Die näheren Vorschriften trifft das Kommunalwahlgesetz. Nach Ablauf der Wahlperiode üben die bisherigen Mitglieder der Bezirksvertretungen ihre Tätigkeit bis zum Zusammentritt der neugewählten Bezirksvertretung weiter aus.

(2) Die Bezirksvertretung besteht aus mindestens elf und höchstens neunzehn Mitgliedern einschließlich des Vorsitzenden. Der Vorsitzende führt die Bezeichnung Bezirksvorsteher. Der Rat kann beschließen, dass der Bezirksvorsteher die Bezeichnung Bezirksbürgermeister führt. Die Mitgliederzahlen können nach den Einwohnerzahlen der Stadtbezirke gestaffelt werden; die Gesamtzahl der Mitglieder muß ungerade sein. Das Nähere regelt die Hauptsatzung.

(3) Nach Beginn der Wahlperiode der Bezirksvertretung muss die erste Sitzung innerhalb von sechs Wochen stattfinden; dazu beruft der bisherige Bezirksvorsteher die Bezirksvertretung ein. Die Bezirksvertretung wählt aus ihrer Mitte ohne Aussprache den Bezirksvorsteher und einen oder mehrere Stellvertreter. § 67 Abs. 2 bis 5 findet entsprechende Anwendung. Der Bezirksvorsteher und die Stellvertreter dürfen nicht zugleich Bürgermeister oder Stellvertreter des Bürgermeisters sein.

(4) Der Bezirksvorsteher kann neben den Entschädigungen, die ihm als Mitglied der Bezirksvertretung zustehen, eine in der Hauptsatzung festzusetzende Aufwandsentschädigung erhalten. Für Stellvertreter des Bezirksvorstehers sowie für Fraktionsvorsitzende können in der Hauptsatzung entsprechende Regelungen getroffen werden. Das für Kommunales zuständige Ministerium bestimmt durch Rechtsverordnung die Höhe der Aufwandsentschädigung.

(5) Die Bezirksvertretungen dürfen keine Ausschüsse bilden. Auf die Mitglieder der Bezirksvertretungen und das Verfahren in den Be-

zirksvertretungen finden die für den Rat geltenden Vorschriften mit der Maßgabe entsprechende Anwendung, daß die Geschäftsordnung des Rates besondere Regelungen für die Bezirksvertretungen enthält und in Fällen äußerster Dringlichkeit der Bezirksvorsteher mit einem Mitglied der Bezirksvertretung entscheiden kann; § 60 Abs. 1 Satz 1 und Absatz 2 findet keine Anwendung. Abweichend von § 48 Abs. 1 Satz 4 brauchen Zeit und Ort der Sitzungen der Bezirksvertretungen sowie die Tagesordnung nicht öffentlich bekannt gemacht zu werden; der Oberbürgermeister soll die Öffentlichkeit hierüber vorher in geeigneter Weise unterrichten. Zu einzelnen Punkten der Tagesordnung können Sachverständige und Einwohner gehört werden. § 58a findet entsprechende Anwendung.

(6) Die nicht der Bezirksvertretung als ordentliche Mitglieder angehörenden Ratsmitglieder, die in dem Stadtbezirk wohnen oder dort kandidiert haben, haben das Recht, an den Sitzungen der Bezirksvertretung mit beratender Stimme teilzunehmen. Zu diesem Zweck sind der Oberbürgermeister und diese Ratsmitglieder wie die ordentlichen Mitglieder der Bezirksvertretung zu deren Sitzungen zu laden. Die übrigen Ratsmitglieder und Ausschußmitglieder können nach Maßgabe der Geschäftsordnung an nichtöffentlichen Sitzungen als Zuhörer teilnehmen. Die Teilnahme an Sitzungen als Zuhörer begründet keinen Anspruch auf Ersatz des Verdienstausfalls und auf Zahlung von Sitzungsgeld.

(7) Der Oberbürgermeister ist berechtigt und auf Verlangen einer Bezirksvertretung verpflichtet, an den Sitzungen der Bezirksvertretung mit beratender Stimme teilzunehmen; ihm ist auf Verlangen jederzeit das Wort zu erteilen. Er kann sich von einem Beigeordneten oder einer anderen leitenden Dienstkraft vertreten lassen. Das Nähere regelt die Hauptsatzung.

§ 37
Aufgaben der Bezirksvertretungen
in den kreisfreien Städten

(1) Soweit nicht der Rat nach § 41 Abs. 1 ausschließlich zuständig ist, entscheiden die Bezirksvertretungen unter Beachtung der Be-

lange der gesamten Stadt und im Rahmen der vom Rat erlassenen allgemeinen Richtlinien in allen Angelegenheiten, deren Bedeutung nicht wesentlich über den Stadtbezirk hinausgeht, insbesondere in folgenden Angelegenheiten:

a) Unterhaltung und Ausstattung der im Stadtbezirk gelegenen Schulen und öffentlichen Einrichtungen, wie Sportplätze, Altenheime, Friedhöfe, Bibliotheken und ähnliche soziale und kulturelle Einrichtungen;

b) Angelegenheiten des Denkmalschutzes, der Pflege des Ortsbildes sowie der Grünpflege;

c) die Festlegung der Reihenfolge der Arbeiten zum Um- und Ausbau sowie zur Unterhaltung und Instandsetzung von Straßen, Wegen und Plätzen von bezirklicher Bedeutung einschließlich der Straßenbeleuchtung, soweit es sich nicht um die Verkehrssicherungspflicht handelt;

d) Betreuung und Unterstützung örtlicher Vereine, Verbände und sonstiger Vereinigungen und Initiativen im Stadtbezirk;

e) kulturelle Angelegenheiten des Stadtbezirks einschließlich Kunst im öffentlichen Raum, Heimat- und Brauchtumspflege im Stadtbezirk, Pflege von vorhandenen Paten- oder Städtepartnerschaften;

f) Information, Dokumentation und Repräsentation in Angelegenheiten des Stadtbezirks.

Die näheren Einzelheiten sind in der Hauptsatzung zu regeln. Der Rat kann dabei die in Satz 1 aufgezählten Aufgaben im einzelnen abgrenzen. Hinsichtlich der Geschäfte der laufenden Verwaltung gilt § 41 Abs. 3.

(2) Bei Streitigkeiten der Bezirksvertretungen untereinander und zwischen Bezirksvertretungen und den Ausschüssen über Zuständigkeiten im Einzelfall entscheidet der Hauptausschuß.

(3) Die Bezirksvertretungen erfüllen die ihnen zugewiesenen Aufgaben im Rahmen der vom Rat bereitgestellten Haushaltsmittel; dabei sollen sie über den Verwendungszweck eines Teils dieser Haushaltsmittel allein entscheiden können. Die bezirksbezogenen Haushalts-

mittel sollen unter Berücksichtigung der Gesamtaufwendungen und Gesamtauszahlungen der Stadt sowie des Umfangs der entsprechenden Anlagen und Einrichtungen fortgeschrieben werden.

(4) Die Bezirksvertretungen wirken an den Beratungen über die Haushaltssatzung mit. Sie beraten über alle Haushaltspositionen, die sich auf ihren Bezirk und ihre Aufgaben auswirken, und können dazu Vorschläge machen und Anregungen geben. Über die Haushaltspositionen nach Satz 2 und die Haushaltsmittel nach Absatz 1 ist den Bezirksvertretungen eine geeignete Übersicht als Auszug aus dem Entwurf der Haushaltssatzung nach § 80, getrennt nach Bezirken, zur Beratung vorzulegen. Die Übersichten sind dem Haushaltsplan als Anlage beizufügen.

(5) Die Bezirksvertretung ist zu allen wichtigen Angelegenheiten, die den Stadtbezirk berühren, zu hören. Insbesondere ist ihr vor der Beschlußfassung des Rates über Planungs- und Investitionsvorhaben im Bezirk und über Bebauungspläne für den Bezirk Gelegenheit zur Stellungnahme zu geben. Darüber hinaus hat die Bezirksvertretung bei diesen Vorhaben, insbesondere im Rahmen der Bauleitplanung, für ihr Gebiet dem Rat gegenüber ein Anregungsrecht. Der Rat kann allgemein oder im Einzelfall bestimmen, daß bei der Aufstellung von Bebauungsplänen von räumlich auf den Stadtbezirk begrenzter Bedeutung das Beteiligungsverfahren nach § 3 Baugesetzbuch den Bezirksvertretungen übertragen wird. Die Bezirksvertretung kann zu allen den Stadtbezirk betreffenden Angelegenheiten Vorschläge und Anregungen machen. Insbesondere kann sie Vorschläge für vom Rat für den Stadtbezirk zu wählende oder zu bestellende ehrenamtlich tätige Personen unterbreiten. Bei Beratungen des Rates oder eines Ausschusses über Angelegenheiten, die auf einen Vorschlag oder eine Anregung einer Bezirksvertretung zurückgehen, haben der Bezirksvorsteher oder sein Stellvertreter das Recht, dazu in der Sitzung gehört zu werden.

(6) Der Oberbürgermeister oder der Bezirksvorsteher können einem Beschluß der Bezirksvertretung spätestens am 14. Tag nach der Beschlußfassung unter schriftlicher Begründung widersprechen, wenn sie der Auffassung sind, daß der Beschluß das Wohl der

Stadt gefährdet. Der Widerspruch hat aufschiebende Wirkung. Über die Angelegenheit ist in einer neuen Sitzung der Bezirksvertretung, die frühestens am dritten Tag und spätestens drei Wochen nach dem Widerspruch stattzufinden hat, erneut zu beschließen. Verbleibt die Bezirksvertretung bei ihrem Beschluß, so entscheidet der Rat endgültig, wenn der Widersprechende das verlangt. Im übrigen gilt § 54 Abs. 3 entsprechend.

§ 38
Bezirksverwaltungsstellen in den kreisfreien Städten

(1) Für jeden Stadtbezirk ist eine Bezirksverwaltungsstelle einzurichten. Die Hauptsatzung kann bestimmen, daß eine Bezirksverwaltungsstelle für mehrere Stadtbezirke zuständig ist oder daß im Stadtbezirk gelegene zentrale Verwaltungsstellen die Aufgaben einer Bezirksverwaltungsstelle miterfüllen.

(2) In der Bezirksverwaltungsstelle sollen im Rahmen einer sparsamen und wirtschaftlichen Haushaltsführung Dienststellen so eingerichtet und zusammengefaßt werden, daß eine möglichst ortsnahe Erledigung der Verwaltungsaufgaben gewährleistet ist. Die Befugnisse, die dem Oberbürgermeister nach § 62 und § 73 zustehen, bleiben unberührt.

(3) Bei der Bestellung des Leiters einer Bezirksverwaltungsstelle ist die Bezirksvertretung anzuhören. Der Leiter der Bezirksverwaltungsstelle oder sein Stellvertreter ist verpflichtet, an den Sitzungen der Bezirksvertretung teilzunehmen.

§ 39
Gemeindebezirke in den kreisangehörigen Gemeinden

(1) Das Gemeindegebiet kann in Bezirke (Ortschaften) eingeteilt werden. Dabei ist auf die Siedlungsstruktur, die Bevölkerungsverteilung und die Ziele der Gemeindeentwicklung Rücksicht zu nehmen.

(2) Für jeden Gemeindebezirk sind vom Rat entweder Bezirksausschüsse zu bilden oder Ortsvorsteher zu wählen. In Gemeindebe-

zirken mit Bezirksausschüssen können Bezirksverwaltungsstellen eingerichtet werden. Der Rat kann beschließen, dass der Ortsvorsteher die Bezeichnung Ortsbürgermeister führt.

(3) Den Bezirksausschüssen sollen im Rahmen des § 41 Abs. 2 Aufgaben zur Entscheidung übertragen werden, die sich ohne Beeinträchtigung der einheitlichen Entwicklung der gesamten Gemeinde innerhalb eines Gemeindebezirks erledigen lassen. Der Rat kann allgemeine Richtlinien erlassen, die bei der Wahrnehmung der den Bezirksausschüssen zugewiesenen Aufgaben zu beachten sind. Er stellt die erforderlichen Haushaltsmittel bereit. § 37 Abs. 5 gilt entsprechend.

(4) Auf die Bezirksausschüsse sind die für die Ausschüsse des Rates geltenden Vorschriften mit folgenden Maßgaben anzuwenden:

1. Bei der Bestellung der Mitglieder durch den Rat ist das bei der Wahl des Rates im jeweiligen Gemeindebezirk erzielte Stimmenverhältnis zugrunde zu legen;

2. ihnen dürfen mehr sachkundige Bürger als Ratsmitglieder angehören;

3. für Parteien und Wählergruppen, die im Rat vertreten sind, findet § 58 Abs. 1 Satz 7 bis 10 sinngemäß Anwendung;

4. der Bezirksausschuß wählt aus den ihm angehörenden Ratsmitgliedern einen Vorsitzenden und einen oder mehrere Stellvertreter; § 67 Abs. 2 findet entsprechende Anwendung.

(5) § 36 Abs. 6 und Abs. 7 gilt entsprechend.

(6) Ortsvorsteher wählt der Rat unter Berücksichtigung des bei der Wahl des Rates im jeweiligen Gemeindebezirk erzielten Stimmenverhältnisses für die Dauer seiner Wahlperiode. Sie sollen in dem Bezirk, für den sie bestellt werden, wohnen und müssen dem Rat angehören oder angehören können. § 67 Abs. 4 gilt entsprechend.

(7) Der Ortsvorsteher soll die Belange seines Bezirks gegenüber dem Rat wahrnehmen. Falls er nicht Ratsmitglied ist, darf er an den

Sitzungen des Rates und der in § 59 genannten Ausschüsse weder entscheidend noch mit beratender Stimme mitwirken; das Recht, auch dort gehört zu werden, kann zugelassen werden. Der Ortsvorsteher kann für das Gebiet seiner Ortschaft mit der Erledigung bestimmter Geschäfte der laufenden Verwaltung beauftragt werden; er ist sodann zum Ehrenbeamten zu ernennen. Er führt diese Geschäfte in Verantwortung gegenüber dem Bürgermeister durch. Er kann eine angemessene Aufwandsentschädigung erhalten. Das für Kommunales zuständige Ministerium bestimmt durch Rechtsverordnung die Höhe der Aufwandsentschädigung und in welchem Umfang daneben der Ersatz von Auslagen zulässig ist. Ortsvorsteher haben einen Anspruch auf Freistellung nach Maßgabe des § 44 und erhalten Ersatz des Verdienstausfalls nach Maßgabe des § 45.

(8) Die im Rahmen der Bezirkseinteilung erforderlichen Vorschriften trifft der Rat durch die Hauptsatzung.

5. Teil

Der Rat

§ 40

Träger der Gemeindeverwaltung

(1) Die Verwaltung der Gemeinde wird ausschließlich durch den Willen der Bürgerschaft bestimmt.

(2) Die Bürgerschaft wird durch den Rat und den Bürgermeister vertreten. Der Rat besteht aus den gewählten Ratsmitgliedern und dem Bürgermeister (Mitglied kraft Gesetzes). Die Vertretung und Repräsentation des Rates obliegt dem Bürgermeister (in kreisfreien Städten: Oberbürgermeister). Den Vorsitz im Rat führt der Bürgermeister.

Der Bürgermeister hat im Rat Stimmrecht. In den Fällen der §§ 47 Abs. 1, 48 Abs. 1, 50 Abs. 3, 53 Abs. 2, 55 Abs. 3 und 4, 58 Abs.1, 3 und 5, 66 Abs. 1, 69 Abs. 1 Satz 2, 73 Abs. 1 und 3 und 96 Abs. 1 Satz 4 stimmt er nicht mit.

§ 41

Zuständigkeiten des Rates

(1) Der Rat der Gemeinde ist für alle Angelegenheiten der Gemeindeverwaltung zuständig, soweit dieses Gesetz nichts anderes bestimmt. Die Entscheidung über folgende Angelegenheiten kann der Rat nicht übertragen:

a) die allgemeinen Grundsätze, nach denen die Verwaltung geführt werden soll,

b) die Wahl der Mitglieder der Ausschüsse und ihrer Vertreter,

c) die Wahl der Beigeordneten,

d) die Verleihung und die Entziehung des Ehrenbürgerrechts und einer Ehrenbezeichnung,

e) die Änderung des Gemeindegebiets, soweit nicht in diesem Gesetz etwas anderes bestimmt ist,

f) den Erlaß, die Änderung und die Aufhebung von Satzungen und sonstigen ortsrechtlichen Bestimmungen,

g) abschließende Beschlüsse im Flächennutzungsplanverfahren und abschließende Satzungsbeschlüsse auf der Grundlage des Baugesetzbuchs und des Maßnahmengesetzes zum Baugesetzbuch,

h) den Erlass der Haushaltssatzung und des Stellenplans, die Aufstellung eines Haushaltssicherungskonzeptes, die Zustimmung zu überplanmäßigen und außerplanmäßigen Aufwendungen und Auszahlungen sowie zu überplanmäßigen und außerplanmäßigen Verpflichtungsermächtigungen, die Festlegung von Wertgrenzen für die Veranschlagung und Abrechnung einzelner Investitionsmaßnahmen,

i) die Festsetzung allgemein geltender öffentlicher Abgaben und privatrechtlicher Entgelte,

j) die Feststellung des Jahresabschlusses und die Entlastung sowie die Bestätigung des Gesamtabschlusses; sofern ein Gesamtabschluss nicht erstellt wird, die Beschlussfassung über den Beteiligungsbericht,

k) den Beschluss über die gegenüber der Gemeindeprüfungsanstalt und der Aufsichtsbehörde abzugebende Stellungnahme gemäß § 105 Absatz 7,

l) die teilweise oder vollständige Veräußerung oder Verpachtung von Eigenbetrieben, die teilweise oder vollständige Veräußerung einer unmittelbaren oder mittelbaren Beteiligung an einer Gesellschaft oder anderen Vereinigungen des privaten Rechts, die Veräußerung eines Geschäftsanteils an einer eingetragenen Kreditgenossenschaft sowie den Abschluss von anderen Rechtsgeschäften im Sinne des § 111 Abs. 1 und 2,

m) die Errichtung, Übernahme, Erweiterung, Einschränkung und Auflösung von Anstalten des öffentlichen Rechts gemäß § 114 a, öffentlichen Einrichtungen und Eigenbetrieben, die Bildung oder Auflösung eines gemeinsamen Kommunalunternehmens gemäß § 27 Abs. 1 bis 3 und 6 des Gesetzes über kommunale Gemeinschaftsarbeit, die Änderung der Unternehmenssatzung eines gemeinsamen Kommunalunternehmens sowie der Austritt aus einem gemeinsamen Kommunalunternehmen, die erstmalige unmittelbare oder mittelbare Beteiligung sowie die Erhöhung einer unmittelbaren oder mittelbaren Beteiligung an einer Gesellschaft oder anderen Vereinigungen in privater Rechtsform, den Erwerb eines Geschäftsanteils an einer eingetragenen Kreditgenossenschaft,

n) die Umwandlung der Rechtsform von Anstalten des öffentlichen Rechts gemäß § 114a, öffentlichen Einrichtungen und Eigenbetrieben sowie die Umwandlung der Rechtsform von Gesellschaften, an denen die Gemeinde beteiligt ist, soweit der Einfluß der Gemeinde (§ 63 Abs. 2 und § 113 Abs. 1) geltend gemacht werden kann,

o) die Umwandlung des Zwecks, die Zusammenlegung und die Aufhebung von Stiftungen einschließlich des Verbleibs des Stiftungsvermögens,

p) die Umwandlung von Gemeindegliedervermögen in freies Gemeindevermögen sowie die Veränderung der Nutzungsrechte am Gemeindegliedervermögen,

q) die Übernahme von Bürgschaften, den Abschluß von Gewährverträgen und die Bestellung sonstiger Sicherheiten für andere sowie solche Rechtsgeschäfte, die den vorgenannten wirtschaftlich gleichkommen,

r) die Bestellung und Abberufung der Leitung und der Prüfer der örtlichen Rechnungsprüfung sowie die Übertragung von Aufgaben auf die örtliche Rechnungsprüfung,

s) die Genehmigung von Verträgen der Gemeinde mit Mitgliedern des Rates, der Bezirksvertretungen und der Ausschüsse sowie mit dem Bürgermeister und den leitenden Dienstkräften der Gemeinde nach näherer Bestimmung der Hauptsatzung,

t) die Übernahme neuer Aufgaben, für die keine gesetzliche Verpflichtung besteht,

u) die Festlegung strategischer Ziele unter Berücksichtigung der Ressourcen.

(2) Im übrigen kann der Rat die Entscheidung über bestimmte Angelegenheiten auf Ausschüsse oder den Bürgermeister übertragen. Er kann ferner Ausschüsse ermächtigen, in Angelegenheiten ihres Aufgabenbereichs die Entscheidung dem Bürgermeister zu übertragen.

(3) Geschäfte der laufenden Verwaltung gelten im Namen des Rates als auf den Bürgermeister übertragen, soweit nicht der Rat sich, einer Bezirksvertretung oder einem Ausschuß für einen bestimmten Kreis von Geschäften oder für einen Einzelfall die Entscheidung vorbehält.

§ 42

Wahl der Ratsmitglieder

(1) Die Ratsmitglieder werden von den Bürgern in allgemeiner, unmittelbarer, freier, gleicher und geheimer Wahl für die Dauer

von fünf Jahren gewählt. Die näheren Vorschriften trifft das Kommunalwahlgesetz.

(2) Nach Ablauf der Wahlperiode üben die bisherigen Ratsmitglieder ihre Tätigkeit bis zum Zusammentritt des neugewählten Rates weiter aus.

§ 43   44   45   55   4714

Rechte und Pflichten der Ratsmitglieder

(1) Die Ratsmitglieder sind verpflichtet, in ihrer Tätigkeit ausschließlich nach dem Gesetz und ihrer freien, nur durch Rücksicht auf das öffentliche Wohl bestimmten Überzeugung zu handeln; sie sind an Aufträge nicht gebunden.

(2) Für die Tätigkeit als Ratsmitglied, Mitglied einer Bezirksvertretung oder Mitglied eines Ausschusses gelten die Vorschriften der §§ 30 bis 32 mit folgenden Maßgaben entsprechend:

30ff

1. Die Pflicht zur Verschwiegenheit kann ihnen gegenüber nicht vom Bürgermeister angeordnet werden;

2. die Genehmigung, als Zeuge auszusagen, erteilt bei Ratsmitgliedern der Rat, bei Mitgliedern der Bezirksvertretungen die Bezirksvertretung und bei Ausschußmitgliedern der Ausschuß;

3. die Offenbarungspflicht über Ausschließungsgründe besteht bei Ratsmitgliedern gegenüber dem Bürgermeister, bei Mitgliedern der Bezirksvertretungen gegenüber dem Bezirksvorsteher und bei Ausschußmitgliedern gegenüber dem Ausschußvorsitzenden vor Eintritt in die Verhandlung;

4. über Ausschließungsgründe entscheidet bei Ratsmitgliedern der Rat, bei Mitgliedern der Bezirksvertretungen die Bezirksvertretung, bei Ausschußmitgliedern der Ausschuß;

5. ein Verstoß gegen die Offenbarungspflicht wird vom Rat, von der Bezirksvertretung beziehungsweise vom Ausschuß durch Beschluß festgestellt;

6. Mitglieder der Bezirksvertretungen sowie sachkundige Bürger und sachkundige Einwohner als Mitglieder von Ausschüssen können Ansprüche anderer gegen die Gemeinde nur dann nicht geltend machen, wenn diese im Zusammenhang mit ihren Aufgaben stehen; ob diese Voraussetzungen vorliegen, entscheidet die Bezirksvertretung beziehungsweise der Ausschuß.

(3) Die Ratsmitglieder und die Mitglieder der Ausschüsse müssen gegenüber dem Bürgermeister, die Mitglieder einer Bezirksvertretung gegenüber dem Bezirksvorsteher Auskunft über ihre wirtschaftlichen und persönlichen Verhältnisse geben, soweit das für die Ausübung ihres Mandats von Bedeutung sein kann. Die näheren Einzelheiten regelt der Rat. Die Auskunft ist vertraulich zu behandeln. Name, Anschrift, der ausgeübte Beruf sowie andere vergütete und ehrenamtliche Tätigkeiten können veröffentlicht werden. Nach Ablauf der Wahlperiode sind die gespeicherten Daten der ausgeschiedenen Mitglieder zu löschen. § 7 des Korruptionsbekämpfungsgesetzes vom 16. Dezember 2004 (GV. NRW. 2005 S. 8) in der jeweils geltenden Fassung bleibt unberührt.

(4) Erleidet die Gemeinde infolge eines Beschlusses des Rates einen Schaden, so haften die Ratsmitglieder, wenn sie

a) in vorsätzlicher oder grob fahrlässiger Verletzung ihrer Pflicht gehandelt haben,

b) bei der Beschlußfassung mitgewirkt haben, obwohl sie nach dem Gesetz hiervon ausgeschlossen waren und ihnen der Ausschließungsgrund bekannt war,

c) der Bewilligung von Aufwendungen und Auszahlungen zugestimmt haben, für die das Gesetz oder die Haushaltssatzung eine Ermächtigung nicht vorsieht, wenn nicht gleichzeitig die erforderlichen Deckungsmittel bereitgestellt werden.

§ 44
Freistellung

(1) Niemand darf gehindert werden, sich um ein Mandat als Ratsmitglied, Mitglied einer Bezirksvertretung oder Mitglied eines Aus-

schusses zu bewerben, es anzunehmen oder auszuüben. Benachteiligungen am Arbeitsplatz im Zusammenhang mit der Bewerbung, der Annahme oder der Ausübung eines Mandats sind unzulässig. Entgegenstehende Vereinbarungen sind nichtig. Kündigungen oder Entlassungen aus Anlaß der Bewerbung, Annahme oder Ausübung eines Mandats sind unzulässig.

(2) Die Ratsmitglieder, Mitglieder der Bezirksvertretungen oder Mitglieder der Ausschüsse sind für die Zeit der Ausübung des Mandats von ihrer Verpflichtung zur Arbeit freizustellen. Zur Ausübung des Mandats gehören Tätigkeiten, die mit dem Mandat in unmittelbarem Zusammenhang stehen oder auf Veranlassung des Rates, der Bezirksvertretung oder des Ausschusses erfolgen. Auf Veranlassung des Rates erfolgt auch eine Tätigkeit als vom Rat entsandter Vertreter der Gemeinde in Organen und Gremien von juristischen Personen und Vereinigungen des privaten oder öffentlichen Rechts sowie als Stellvertreter des Bürgermeisters. Bei Mandatsträgern, die innerhalb eines vorgegebenen Arbeitszeitrahmens über Lage und Dauer der individuellen Arbeitszeit selbst entscheiden können, ist die Zeit der Ausübung des Mandats innerhalb dieses Arbeitszeitrahmens zur Hälfte auf ihre Arbeitszeit anzurechnen. Der Anspruch auf Ersatz des Verdienstausfalls nach § 45 ist in diesem Fall auf diese Hälfte beschränkt.

(3) Zur Teilnahme an kommunalpolitischen Bildungsveranstaltungen, die der Ausübung ihres Mandats förderlich sind, haben Ratsmitglieder, Mitglieder der Bezirksvertretung oder Mitglieder der Ausschüsse einen Anspruch auf Urlaub an bis zu acht Arbeitstagen in jeder Wahlperiode, jedoch an nicht mehr als vier aufeinanderfolgenden Arbeitstagen im Jahr. Für die Zeit des Urlaubs besteht nach diesem Gesetz kein Anspruch auf Lohn oder Gehalt; weitergehende Vorschriften bleiben unberührt. Der Verdienstausfall und die Aufwendungen für die entgeltliche Betreuung von pflege- oder betreuungsbedürftigen Angehörigen sind nach Maßgabe der Regelungen des § 45 Absatz 1 zu ersetzen.

Sind Ratsmitglieder, Mitglieder der Bezirksvertretungen oder Mitglieder der Ausschüsse zugleich auch Kreistagsabgeordnete oder

Mitglieder von Ausschüssen des Kreistages, so besteht der Anspruch auf Urlaub in jeder Wahlperiode nur einmal.

Der Arbeitgeber bzw. Dienstherr darf den Urlaub zu dem von dem Beschäftigten mitgeteilten Zeitpunkt ablehnen, wenn zwingende betriebliche Belange oder Urlaubsanträge anderer Beschäftigter entgegenstehen.

§ 45
Entschädigung der Ratsmitglieder

(1) Die Ratsmitglieder sowie die Mitglieder der Ausschüsse und Bezirksvertretungen haben Anspruch auf eine angemessene Aufwandsentschädigung und auf Ersatz des Verdienstausfalles, der ihnen durch die Mandatsausübung entsteht, soweit sie während der Arbeitszeit erforderlich ist. Personen, die nicht oder weniger als 20 Stunden pro Woche erwerbstätig sind, jedoch einen Haushalt von mindestens zwei Personen, wovon eine Person ein pflege- oder betreuungsbedürftiger Angehöriger ist, oder einen Haushalt von mindestens drei Personen führen, erhalten anstelle des Verdienstausfalls eine Entschädigung in Form eines Stundenpauschalsatzes. Aufwendungen für die entgeltliche Betreuung von pflege- oder betreuungsbedürftigen Angehörigen während der Ausübung des Mandats werden erstattet.

(2) Der Rat kann in der Hauptsatzung beschließen, dass den Ratsmitgliedern sowie den Mitgliedern der Ausschüsse und Bezirksvertretungen zusätzlich zu den Ansprüchen nach Absatz 1 Auslagenersatz sowie sonstige Leistungen gewährt werden, soweit diese nicht durch Rechtsverordnung geregelt sind und einen unmittelbaren Bezug zur Mandatsausübung aufweisen.

(3) Die Absätze 1 und 2 sind auch auf Fraktionssitzungen anzuwenden. Fraktionssitzungen sind auch Sitzungen von Teilen einer Fraktion wie Fraktionsvorstand und Fraktionsarbeitskreise. Die Zahl der ersatzpflichtigen Fraktionssitzungen pro Jahr ist in der Hauptsatzung zu beschränken.

(4) Auf die Aufwandsentschädigung kann nicht verzichtet werden. Der Anspruch auf Aufwandsentschädigung ist nicht übertragbar. Wird das Mandat länger als drei Monate nicht wahrgenommen, kann eine Aufwandsentschädigung für die Zeit der andauernden Nichtausübung des Mandats nicht beansprucht werden, es sei denn, das Mitglied hat die Nichtausübung nicht zu vertreten.

§ 46
Aufwandsentschädigung

(1) Neben den Entschädigungen, die den Ratsmitgliedern nach § 45 zustehen, erhalten

1. Stellvertreter des Bürgermeisters nach § 67 Absatz 1,

2. Vorsitzende von Ausschüssen des Rates mit Ausnahme des Wahlprüfungsausschusses,

3. Fraktionsvorsitzende – bei Fraktionen mit mindestens acht Mitgliedern auch ein stellvertretender Vorsitzender, mit mindestens 16 Mitgliedern auch zwei und mit mindestens 24 Mitgliedern auch drei stellvertretende Vorsitzende –

eine vom für Kommunales zuständigen Ministerium durch Rechtsverordnung festzusetzende angemessene Aufwandsentschädigung. Eine Aufwandsentschädigung ist nicht zu gewähren, wenn das Ratsmitglied hauptberuflich tätiger Mitarbeiter einer Fraktion ist.

(2) Die Aufwandsentschädigung gemäß Absatz 1 Satz 1 Nummer 2 wird als monatliche Pauschale gezahlt. Der Rat kann in der Hauptsatzung beschließen, dass

1. weitere oder sämtliche Ausschüsse von der Regelung in Absatz 1 Satz 1 Nummer 2 ausgenommen werden,

2. die Aufwandsentschädigung abweichend von Satz 1 für einzelne oder sämtliche Ausschüsse als Sitzungsgeld gezahlt wird.

Ausnahmen nach Satz 2 kann der Rat nur mit einer Mehrheit von zwei Dritteln seiner Mitglieder beschließen, dies gilt nicht, soweit der Rat beschlossene Ausnahmen wieder aufhebt.

§ 47

Einberufung des Rates

(1) Der Rat wird vom Bürgermeister einberufen. Nach Beginn der Wahlperiode muss die erste Sitzung innerhalb von sechs Wochen stattfinden. Im übrigen tritt der Rat zusammen, so oft es die Geschäftslage erfordert, jedoch soll er wenigstens alle zwei Monate einberufen werden. Er ist unverzüglich einzuberufen, wenn ein Fünftel der Ratsmitglieder oder eine Fraktion unter Angabe der zur Beratung zu stellenden Gegenstände es verlangen.

(2) Die Ladungsfrist, die Form der Einberufung und die Geschäftsführung des Rates sowie die Art der Information der Öffentlichkeit über den Zugang der Öffentlichkeit zu einer digitalen Sitzung sind durch die Geschäftsordnung zu regeln, soweit hierüber nicht in diesem Gesetz Vorschriften getroffen sind. Der Rat regelt in der Geschäftsordnung Inhalt und Umfang des Fragerechts der Ratsmitglieder.

(3) Kommt der Bürgermeister seiner Verpflichtung zur Einberufung des Rates nicht nach, so veranlaßt die Aufsichtsbehörde die Einberufung.

§ 47a

Einberufung von Sitzungen in besonderen Ausnahmefällen

(1) In besonderen Ausnahmefällen wie Katastrophen, einer epidemischen Lage oder anderen außergewöhnlichen Notsituationen kann die Durchführung von Sitzungen des Rats, der Ausschüsse und der Bezirksvertretungen in digitaler Form erfolgen, sofern die dafür erforderlichen Voraussetzungen erfüllt sind (digitale Sitzung).

(2) Bei einer digitalen Sitzung nehmen alle Gremienmitglieder ohne persönliche Anwesenheit am Sitzungsort unter Einsatz technischer Hilfsmittel durch zeitgleiche Bild-Ton-Übertragung an der Sitzung teil. Bei einer digitalen Sitzung gelten per Bild-Ton-Übertragung teilnehmende Gremienmitglieder als anwesend im Sinne von § 49 Absatz 1 Satz 1. Einer digitalen Sitzung steht eine hybrid durchgeführte Sitzung gleich, in der Gremienmitglieder teils per-

sönlich anwesend und teils ohne persönliche Anwesenheit an der Sitzung teilnehmen, während die Sitzungsleitung am Sitzungsort anwesend ist.

(3) Dem Rat bleibt die Feststellung eines Ausnahmefalls nach Absatz 1 und die Entscheidung darüber vorbehalten, ob infolge dessen digitale oder hybride Sitzungen durchgeführt werden. Der Beschluss darüber ist mit zwei Dritteln seiner Mitglieder, längstens für einen Zeitraum von zwei Monaten, zu fassen. Die Stimmabgaben können in Textform erfolgen. Die Beschlussfassung soll so rechtzeitig gefasst werden, dass die Frist des § 47 Absatz 2 Satz 1 gewahrt werden kann. Die Verlängerung ist bei einem weiteren Andauern des besonderen Ausnahmefalles möglich. Für den Beschluss über eine Verlängerung gilt Satz 2 entsprechend.

(4) Die Durchführung von digitalen und hybriden Sitzungen ist nur zulässig, wenn und soweit die erforderlichen technischen Voraussetzungen für ihre Durchführung vorliegen und jedes Gremienmitglied über eine digitale Zugangsmöglichkeit zur Sitzung verfügt. Für die digitalen und hybriden Sitzungen dürfen nur die Anwendungen verwendet werden, die von der für die Zertifizierung zuständigen Stelle zugelassen sind. Die Gemeinde hat in ihrem Verantwortungsbereich dafür Sorge zu tragen, dass die technischen Voraussetzungen während der Sitzung durchgehend bestehen; die Gremienmitglieder stellen ihre Sitzungsteilnahme per Bild-Ton-Übertragung in eigener Verantwortung sicher.

(5) Bei digitalen Sitzungen wird der Öffentlichkeitsgrundsatz über die Bild-Ton-Übertragung der Sitzung gewahrt. Die Herstellung der Öffentlichkeit nach Satz 1 erfolgt über die Bereitstellung eines geschützten Zugangs zur digitalen Sitzung. § 48 Absatz 4 gilt entsprechend.

§ 48

Tagesordnung und Öffentlichkeit der Ratssitzungen

(1) Der Bürgermeister setzt die Tagesordnung fest. Er hat dabei Vorschläge aufzunehmen, die ihm innerhalb einer in der Geschäfts-

ordnung zu bestimmenden Frist von einem Fünftel der Ratsmitglieder oder einer Fraktion vorgelegt werden. Fragestunden für Einwohner können in die Tagesordnung aufgenommen werden, wenn Einzelheiten hierüber in der Geschäftsordnung geregelt sind. Zeit und Ort der Sitzung sowie die Tagesordnung sind von ihm öffentlich bekanntzumachen. Die Tagesordnung kann in der Sitzung durch Beschluß des Rates erweitert werden, wenn es sich um Angelegenheiten handelt, die keinen Aufschub dulden oder die von äußerster Dringlichkeit sind.

(2) Die Sitzungen des Rates sind öffentlich. Durch die Geschäftsordnung kann die Öffentlichkeit für Angelegenheiten einer bestimmten Art ausgeschlossen werden. Auf Antrag des Bürgermeisters oder eines Ratsmitglieds kann für einzelne Angelegenheiten die Öffentlichkeit ausgeschlossen werden. Anträge auf Ausschluß der Öffentlichkeit dürfen nur in nichtöffentlicher Sitzung begründet und beraten werden. Falls dem Antrag stattgegeben wird, ist die Öffentlichkeit in geeigneter Weise zu unterrichten, daß in nichtöffentlicher Sitzung weiter verhandelt wird.

(3) Personenbezogene Daten dürfen offenbart werden, soweit nicht schützenswerte Interessen einzelner oder Belange des öffentlichen Wohls überwiegen; erforderlichenfalls ist die Öffentlichkeit auszuschließen.

(4) In öffentlichen Sitzungen sind Bildaufnahmen zulässig, wenn sie die Ordnung der Sitzung nicht gefährden. Film- und Tonaufnahmen von den Ratsmitgliedern mit dem Ziel der Veröffentlichung sind in öffentlicher Sitzung nur zulässig, soweit die Hauptsatzung dies bestimmt.

(5) Mitglieder der Bezirksvertretungen und der Ausschüsse können nach Maßgabe der Geschäftsordnung an den nichtöffentlichen Sitzungen des Rates als Zuhörer teilnehmen, soweit deren Aufgabenbereich durch den Beratungsgegenstand berührt wird. Die Teilnahme als Zuhörer begründet keinen Anspruch auf Ersatz des Verdienstausfalls und auf Zahlung von Sitzungsgeld.

§ 49

Beschlußfähigkeit des Rates

3 KWahlG

(1) Der Rat ist beschlußfähig, wenn mehr als die Hälfte der gesetzlichen Mitgliederzahl anwesend ist. Er gilt als beschlußfähig, solange seine Beschlußunfähigkeit nicht festgestellt ist.

(2) Ist eine Angelegenheit wegen Beschlußunfähigkeit zurückgestellt worden und wird der Rat zur Verhandlung über denselben Gegenstand einberufen, so ist er ohne Rücksicht auf die Zahl der Erschienenen beschlußfähig. Bei der zweiten Ladung muß auf diese Bestimmung ausdrücklich hingewiesen werden.

§ 50

Abstimmungen

(1) Beschlüsse werden mit Stimmenmehrheit gefaßt, soweit das Gesetz nichts anderes vorschreibt. Bei Stimmengleichheit gilt ein Antrag als abgelehnt. Bei der Beschlußfassung wird offen abgestimmt. Auf Antrag einer in der Geschäftsordnung zu bestimmenden Zahl von Mitgliedern des Rates ist namentlich abzustimmen. Auf Antrag mindestens eines Fünftels der Mitglieder des Rates ist geheim abzustimmen. Zum selben Tagesordnungspunkt hat ein Antrag auf geheime Abstimmung Vorrang gegenüber einem Antrag auf namentliche Abstimmung. Die Geschäftsordnung kann weitere Regelungen treffen.

(2) Wahlen werden, wenn das Gesetz nichts anderes bestimmt oder wenn niemand widerspricht, durch offene Abstimmung, sonst durch Abgabe von Stimmzetteln, vollzogen. Gewählt ist die vorgeschlagene Person, die mehr als die Hälfte der gültigen Stimmen erhalten hat. Nein- Stimmen gelten als gültige Stimmen. Erreicht niemand mehr als die Hälfte der Stimmen, so findet zwischen den Personen, welche die beiden höchsten Stimmenzahlen erreicht haben, eine engere Wahl statt. Gewählt ist, wer in dieser engeren Wahl die meisten Stimmen auf sich vereinigt. Bei Stimmengleichheit entscheidet das Los.

(3) Haben sich die Ratsmitglieder zur Besetzung der Ausschüsse auf einen einheitlichen Wahlvorschlag geeinigt, ist der einstimmige Beschluß der Ratsmitglieder über die Annahme dieses Wahlvorschlages ausreichend. Kommt ein einheitlicher Wahlvorschlag nicht zustande, so wird nach den Grundsätzen der Verhältniswahl in einem Wahlgang abgestimmt. Dabei sind die Wahlstellen auf die Wahlvorschläge der Fraktionen und Gruppen des Rates entsprechend dem Verhältnis der Stimmenzahlen, die auf die einzelnen Wahlvorschläge entfallen, zur Gesamtzahl der abgegebenen gültigen Stimmen zu verteilen. Jedem Wahlvorschlag werden zunächst so viele Sitze zugeteilt, wie sich für ihn ganze Zahlen ergeben. Sind danach noch Sitze zu vergeben, so sind sie in der Reihenfolge der höchsten Zahlenbruchteile zuzuteilen. Bei gleichen Zahlenbruchteilen entscheidet das Los. Scheidet jemand vorzeitig aus einem Ausschuß aus, wählen die Ratsmitglieder auf Vorschlag der Fraktion oder Gruppe, welcher das ausgeschiedene Mitglied bei seiner Wahl angehörte, einen Nachfolger.

(4) Hat der Rat zwei oder mehr Vertreter oder Mitglieder im Sinne der §§ 63 Abs. 2 und 113 zu bestellen oder vorzuschlagen, die nicht hauptberuflich tätig sind, ist das Verfahren nach Absatz 3 entsprechend anzuwenden. Dies gilt ebenso, wenn zwei oder mehr Personen vorzeitig aus dem Gremium ausgeschieden sind, für das sie bestellt oder vorgeschlagen worden waren und für diese mehrere Nachfolger zu wählen sind. Scheidet eine Person vorzeitig aus dem Gremium aus, für das sie bestellt oder vorgeschlagen worden war, wählt der Rat den Nachfolger für die restliche Zeit nach Absatz 2.

(5) Bei Beschlüssen und Wahlen zählen Stimmenthaltungen und ungültige Stimmen zur Feststellung der Beschlußfähigkeit, nicht aber zur Berechnung der Mehrheit mit.

(6) Ein Mitglied, in dessen Person ein Ausschließungsgrund nach § 31 besteht, kann an der Beratung und Abstimmung nicht teilnehmen.

§ 51

Ordnung in den Sitzungen

(1) Der Bürgermeister leitet die Verhandlungen, eröffnet und schließt die Sitzungen, handhabt die Ordnung und übt das Hausrecht aus.

(2) In der Geschäftsordnung kann bestimmt werden, in welchen Fällen durch Beschluß des Rates einem Ratsmitglied bei Verstößen gegen die Ordnung die auf den Sitzungstag entfallenden Entschädigungen ganz oder teilweise entzogen werden und es für eine oder mehrere Sitzungen ausgeschlossen wird.

(3) Enthält die Geschäftsordnung eine Bestimmung gemäß Absatz 2, so kann der Bürgermeister, falls er es für erforderlich hält, den sofortigen Ausschluß des Ratsmitgliedes aus der Sitzung verhängen und durchführen. Der Rat befindet über die Berechtigung dieser Maßnahme in der nächsten Sitzung.

§ 52

Niederschrift der Ratsbeschlüsse

(1) Über die im Rat gefaßten Beschlüsse ist eine Niederschrift aufzunehmen. Diese wird vom Bürgermeister und einem vom Rat zu bestellenden Schriftführer unterzeichnet.

(2) Der wesentliche Inhalt der Beschlüsse soll in öffentlicher Sitzung oder in anderer geeigneter Weise der Öffentlichkeit zugänglich gemacht werden, soweit nicht im Einzelfall etwas anderes beschlossen wird.

§ 53

Behandlung der Ratsbeschlüsse

(1) Beschlüsse, die die Durchführung der Geschäftsordnung betreffen, führt der Bürgermeister aus. Wenn er persönlich betroffen ist, handelt der Stellvertreter.

(2) Beschlüsse, die

a) die Geltendmachung von Ansprüchen der Gemeinde gegen den Bürgermeister,

b) die Amtsführung des Bürgermeisters,

betreffen, führt der allgemeine Vertreter des Bürgermeisters aus.

§ 54
Widerspruch und Beanstandung

(1) Der Bürgermeister kann einem Beschluß des Rates spätestens am dritten Tag nach der Beschlußfassung unter schriftlicher Begründung widersprechen, wenn er der Auffassung ist, daß der Beschluß das Wohl der Gemeinde gefährdet. Der Widerspruch hat aufschiebende Wirkung. Über die Angelegenheit ist in einer neuen Sitzung des Rates, die frühestens am dritten Tage und spätestens zwei Wochen nach dem Widerspruch stattzufinden hat, erneut zu beschließen. Ein weiterer Widerspruch ist unzulässig.

(2) Verletzt ein Beschluß des Rates das geltende Recht, so hat der Bürgermeister den Beschluß zu beanstanden. Die Beanstandung hat aufschiebende Wirkung. Sie ist schriftlich in Form einer begründeten Darlegung dem Rat mitzuteilen. Verbleibt der Rat bei seinem Beschluß, so hat der Bürgermeister unverzüglich die Entscheidung der Aufsichtsbehörde einzuholen. Die aufschiebende Wirkung bleibt bestehen.

(3) Verletzt der Beschluß eines Ausschusses, dem eine Angelegenheit zur Entscheidung übertragen ist, das geltende Recht, so findet Absatz 2 Satz 1 bis 3 entsprechende Anwendung. Verbleibt der Ausschuß bei seinem Beschluß, so hat der Rat über die Angelegenheit zu beschließen.

(4) Die Verletzung eines Mitwirkungsverbots nach § 43 Abs. 2 Satz 1 in Verbindung mit § 31 kann gegen den Beschluß des Rates oder eines Ausschusses, dem eine Angelegenheit zur Entscheidung übertragen ist, nach Ablauf von sechs Monaten seit der Beschluß-

31
50

fassung oder, wenn eine öffentliche Bekanntmachung erforderlich ist, sechs Monate nach dieser nicht mehr geltend gemacht werden, es sei denn, daß der Bürgermeister den Beschluß vorher beanstandet hat oder die Verletzung des Mitwirkungsverbots vorher gegenüber der Gemeinde gerügt und dabei die Tatsache bezeichnet worden ist, die die Verletzung ergibt.

§ 55
Kontrolle der Verwaltung

(1) Der Rat ist durch den Bürgermeister über alle wichtigen Angelegenheiten der Gemeindeverwaltung zu unterrichten. Der Bürgermeister ist verpflichtet, einem Ratsmitglied auf Verlangen Auskunft zu erteilen oder zu einem Tagesordnungspunkt Stellung zu nehmen. In Angelegenheiten einer Bezirksvertretung ist dessen Mitglied in gleicher Weise berechtigt und der Bürgermeister verpflichtet.

(2) Bezirksvorsteher und Ausschußvorsitzende können vom Bürgermeister jederzeit Auskunft und Akteneinsicht über Angelegenheiten verlangen, die zum Aufgabenbereich ihrer Bezirksvertretung bzw. ihres Ausschusses gehören.

(3) Der Rat überwacht die Durchführung seiner Beschlüsse und der Beschlüsse der Bezirksvertretungen und Ausschüsse sowie den Ablauf der Verwaltungsangelegenheiten. Zu diesem Zweck kann der Rat mit der Mehrheit der Ratsmitglieder vom Bürgermeister Einsicht in die Akten durch einen von ihm bestimmten Ausschuss oder einzelne von ihm beauftragte Mitglieder verlangen.

(4) In Einzelfällen muss auf Beschluss des Rates mit der Mehrheit der Ratsmitglieder oder auf Verlangen eines Fünftels der Ratsmitglieder oder einer Fraktion auch einem einzelnen, von den Antragstellern jeweils zu benennenden Ratsmitglied Akteneinsicht gewährt werden. Einem einzelnen, von den Antragstellern zu benennenden Mitglied einer Bezirksvertretung oder eines Ausschusses steht ein Akteneinsichtsrecht nur aufgrund eines Beschlusses der Bezirksvertretung beziehungsweise des Ausschusses

zu. Dritte sind von der Teilnahme an der Akteneinsicht ausgeschlossen. Akteneinsicht darf einem Ratsmitglied oder einem Mitglied der Bezirksvertretung nicht gewährt werden, das wegen Interessenwiderstreits von der Beratung und Entscheidung der Angelegenheit ausgeschlossen ist.

(5) Jedem Ratsmitglied oder jedem Mitglied einer Bezirksvertretung ist vom Bürgermeister auf Verlangen Akteneinsicht zu gewähren, soweit die Akten der Vorbereitung oder der Kontrolle von Beschlüssen des Rates, des Ausschusses oder der Bezirksvertretung dienen, der es angehört. Dritte sind von der Teilnahme an der Akteneinsicht ausgeschlossen. Die Akteneinsicht darf nur verweigert werden, soweit ihr schutzwürdige Belange Betroffener oder Dritter entgegenstehen. Die ablehnende Entscheidung ist in Textform zu begründen. Akteneinsicht darf einem Ratsmitglied oder einem Mitglied der Bezirksvertretung nicht gewährt werden, das wegen Interessenwiderstreits von der Beratung und Entscheidung der Angelegenheit ausgeschlossen ist.

§ 56

Fraktionen

(1) Fraktionen sind freiwillige Vereinigungen von Ratsmitgliedern oder von Mitgliedern einer Bezirksvertretung, die sich auf der Grundlage grundsätzlicher politischer Übereinstimmung zu möglichst gleichgerichtetem Wirken zusammengeschlossen haben. Im Rat einer kreisangehörigen Gemeinde muss eine Fraktion aus mindestens zwei Mitgliedern, im Rat einer kreisfreien Stadt aus mindestens drei Mitgliedern, in einer Bezirksvertretung aus mindestens zwei Mitgliedern bestehen. Satz 1 gilt für Gruppen ohne Fraktionsstatus im Rat oder einer Bezirksvertretung entsprechend. Eine Gruppe im Rat oder in einer Bezirksvertretung besteht aus mindestens zwei Mitgliedern.

(2) Die Fraktionen wirken bei der Willensbildung und Entscheidungsfindung in der Vertretung mit; sie können insoweit ihre Auffassung öffentlich darstellen. Ihre innere Ordnung muß demokra-

tischen und rechtsstaatlichen Grundsätzen entsprechen. Sie geben sich ein Statut, in dem das Abstimmungsverfahren, die Aufnahme und der Ausschluß aus der Fraktion geregelt werden.

(3) Die Gemeinde gewährt den Fraktionen und Gruppen aus Haushaltsmitteln Zuwendungen zu den sächlichen und personellen Aufwendungen für die Geschäftsführung. Die Zuwendungen an die Fraktionen und Gruppen sind in einer besonderen Anlage zum Haushaltsplan darzustellen. Über die Verwendung der Zuwendungen ist ein Nachweis in einfacher Form zu führen, der unmittelbar dem Bürgermeister zuzuleiten ist. Eine Gruppe erhält mindestens 90 Prozent einer proportionalen Ausstattung, die zwei Dritteln der Zuwendungen entspricht, die die kleinste Fraktion nach Absatz 1 Satz 2 erhält oder erhalten würde. Einem Ratsmitglied, das keiner Fraktion oder Gruppe angehört, stellt die Gemeinde in angemessenem Umfang Sachmittel und Kommunikationsmittel zum Zwecke seiner Vorbereitung auf die Ratssitzung zur Verfügung. Der Rat kann stattdessen beschließen, dass ein Ratsmitglied aus Haushaltsmitteln finanzielle Zuwendungen erhält, die die Hälfte des Betrages nicht übersteigen dürfen, die eine Gruppe mit zwei Mitgliedern erhielte. In diesem Fall ist nach den Sätzen 2 und 3 zu verfahren.

(4) Ein hauptberuflich tätiger Mitarbeiter einer Fraktion kann Ratsmitglied sein. Nähere Einzelheiten über die Bildung der Fraktionen, ihre Rechte und Pflichten sowie den Umgang mit personenbezogenen Daten regelt die Geschäftsordnung. Die Geschäftsordnung bestimmt auch, ob eine Fraktion ein Ratsmitglied, das keiner Fraktion angehört, als Hospitant aufnehmen kann. Bei der Feststellung der Mindeststärke einer Fraktion zählen Hospitanten nicht mit.

(5) Soweit personenbezogene Daten an Ratsmitglieder oder Mitglieder einer Bezirksvertretung übermittelt werden dürfen, ist ihre Übermittlung auch an Mitarbeiter einer Fraktion oder einer Gruppe oder eines einzelnen Ratsmitgliedes nach Absatz 3 Satz 4 zulässig, wenn diese zur Verschwiegenheit verpflichtet sind.

§ 57

Bildung von Ausschüssen

(1) Der Rat kann Ausschüsse bilden.

(2) In jeder Gemeinde müssen ein Hauptausschuß, ein Finanzausschuß und ein Rechnungsprüfungsausschuß gebildet werden. Der Rat kann beschließen, daß die Aufgaben des Finanzausschusses vom Hauptausschuß wahrgenommen werden.

(3) Den Vorsitz im Hauptausschuß führt der Bürgermeister. Er hat Stimmrecht im Hauptausschuß. Der Hauptausschuß wählt aus seiner Mitte einen oder mehrere Vertreter des Vorsitzenden.

(4) Der Rat kann für die Arbeit der Ausschüsse allgemeine Richtlinien aufstellen. Beschlüsse von Ausschüssen mit Entscheidungsbefugnis können erst durchgeführt werden, wenn innerhalb einer in der Geschäftsordnung zu bestimmenden Frist weder vom Bürgermeister noch von einem Fünftel der Ausschußmitglieder Einspruch eingelegt worden ist. Über den Einspruch entscheidet der Rat. § 54 Abs. 3 bleibt unberührt.

§ 58

Zusammensetzung der Ausschüsse und ihr Verfahren

(1) Der Rat regelt mit der Mehrheit der Stimmen der Ratsmitglieder die Zusammensetzung der Ausschüsse und ihre Befugnisse. Soweit er stellvertretende Ausschußmitglieder bestellt, ist die Reihenfolge der Vertretung zu regeln. Der Bürgermeister hat das Recht, mit beratender Stimme an den Sitzungen der Ausschüsse teilzunehmen; ihm ist auf Verlangen jederzeit das Wort zu erteilen. An nichtöffentlichen Sitzungen eines Ausschusses können die stellvertretenden Ausschußmitglieder sowie alle Ratsmitglieder als Zuhörer teilnehmen; nach Maßgabe der Geschäftsordnung können auch die Mitglieder der Bezirksvertretungen als Zuhörer teilnehmen, ebenso die Mitglieder anderer Ausschüsse, soweit deren Aufgabenbereich durch den Beratungsgegenstand berührt wird. Die Teilnahme als Zuhörer begründet keinen Anspruch auf Ersatz des Verdienstausfalls und auf Zahlung von Sitzungsgeld. Wird in einer

Ausschußsitzung ein Antrag beraten, den ein Ratsmitglied gestellt hat, das dem Ausschuß nicht angehört, so kann es sich an der Beratung beteiligen. Fraktionen, die in einem Ausschuß nicht vertreten sind, sind berechtigt, für diesen Ausschuß ein Ratsmitglied oder einen sachkundigen Bürger, der dem Rat angehören kann, zu benennen. Das benannte Ratsmitglied oder der benannte sachkundige Bürger wird vom Rat zum Mitglied des Ausschusses bestellt. Sie wirken in dem Ausschuß mit beratender Stimme mit. Bei der Zusammensetzung und der Berechnung der Beschlußfähigkeit des Ausschusses werden sie nicht mitgezählt. Ein Ratsmitglied hat das Recht, mindestens einem der Ausschüsse als Mitglied mit beratender Stimme anzugehören. Die Sätze 8 bis 10 gelten entsprechend.

(2) Auf die Ausschußmitglieder und das Verfahren in den Ausschüssen finden die für den Rat geltenden Vorschriften entsprechende Anwendung. Der Ausschußvorsitzende setzt die Tagesordnung im Benehmen mit dem Bürgermeister fest. Auf Verlangen des Bürgermeisters ist der Ausschussvorsitzende verpflichtet, einen Gegenstand in die Tagesordnung aufzunehmen. Der Ausschussvorsitzende ist in gleicher Weise verpflichtet, wenn eine Fraktion dies beantragt. Abweichend von § 48 Abs. 1 Satz 4 brauchen Zeit und Ort der Ausschußsitzungen sowie die Tagesordnung nicht öffentlich bekanntgemacht zu werden; der Bürgermeister soll die Öffentlichkeit hierüber vorher in geeigneter Weise unterrichten.

(3) Zu Mitgliedern der Ausschüsse, mit Ausnahme des Hauptausschusses, können neben Ratsmitgliedern auch sachkundige Bürger, die dem Rat angehören können, bestellt werden. Zur Übernahme der Tätigkeit als sachkundiger Bürger ist niemand verpflichtet. Die Zahl der sachkundigen Bürger darf die Zahl der Ratsmitglieder in den einzelnen Ausschüssen nicht erreichen. Die Ausschüsse sind nur beschlußfähig, wenn die Zahl der anwesenden Ratsmitglieder die Zahl der anwesenden sachkundigen Bürger übersteigt. Sie gelten auch insoweit als beschlußfähig, solange ihre Beschlußunfähigkeit nicht festgestellt ist. Die Ausschüsse können Vertreter derjenigen Bevölkerungsgruppen, die von ihrer Entscheidung vorwiegend

betroffen werden und Sachverständige zu den Beratungen zuziehen.

(4) Als Mitglieder mit beratender Stimme können den Ausschüssen volljährige sachkundige Einwohner angehören, die in entsprechender Anwendung des § 50 Abs. 3 zu wählen sind. Im übrigen gilt Absatz 3 Satz 1 und 2 entsprechend.

(5) Haben sich die Fraktionen über die Verteilung der Ausschußvorsitze geeinigt und wird dieser Einigung nicht von einem Fünftel der Ratsmitglieder widersprochen, so bestimmen die Fraktionen die Ausschußvorsitzenden aus der Mitte der den Ausschüssen angehörenden stimmberechtigten Ratsmitglieder. Soweit eine Einigung nicht zustande kommt, werden den Fraktionen die Ausschußvorsitze in der Reihenfolge der Höchstzahlen zugeteilt, die sich durch Teilung der Mitgliederzahlender Fraktionen durch 1, 2, 3 usw. ergeben; mehrere Fraktionen können sich zusammenschließen. Bei gleichen Höchstzahlen entscheidet das Los, das der Bürgermeister zu ziehen hat. Die Fraktionen benennen die Ausschüsse, deren Vorsitz sie beanspruchen, in der Reihenfolge der Höchstzahlen und bestimmen die Vorsitzenden. Scheidet ein Ausschußvorsitzender während der Wahlperiode aus, bestimmt die Fraktion, der er angehört, ein Ratsmitglied zum Nachfolger. Die Sätze 1 bis 5 gelten für stellvertretende Vorsitzende entsprechend.

(6) Werden Ausschüsse während der Wahlperiode neu gebildet, aufgelöst oder ihre Aufgaben wesentlich verändert, ist das Verfahren nach Absatz 5 zu wiederholen.

(7) Über die Beschlüsse der Ausschüsse ist eine Niederschrift aufzunehmen. Diese ist dem Bürgermeister und den Ausschußmitgliedern zuzuleiten.

§ 58a

Hybride Sitzungen der Ausschüsse

In der Hauptsatzung kann bestimmt werden, dass Ausschüsse des Rates auch außerhalb der besonderen Ausnahmefälle nach § 47a Absatz 1 hybride Sitzungen durchführen dürfen. Von diesem Recht ausgenommen sind die in § 57 Absatz 2 genannten Ausschüsse. Dem jeweiligen Ausschuss bleibt die Entscheidung darüber vorbehalten. Der Beschluss darüber, ob eine Sitzung des Ausschusses als hybride Sitzung durchgeführt werden soll, ist mit einfacher Mehrheit zu fassen. Die Beschlussfassung soll so rechtzeitig gefasst werden, dass § 47 Absatz 2 gewahrt werden kann. § 47a Absatz 2 Satz 3 und Absatz 4 gilt entsprechend.

§ 59
Hauptausschuß, Finanzausschuß und Rechnungsprüfungsausschuß

5 7

(1) Der Hauptausschuß hat die Arbeiten aller Ausschüsse aufeinander abzustimmen.

(2) Der Finanzausschuß bereitet die Haushaltssatzung der Gemeinde vor und trifft die für die Ausführung des Haushaltsplans erforderlichen Entscheidungen, soweit hierfür nicht andere Ausschüsse zuständig sind.

(3) Der Rechnungsprüfungsausschuss prüft den Jahresabschluss und den Lagebericht der Gemeinde unter Einbezug des Prüfungsberichtes. Er bedient sich hierbei der örtlichen Rechnungsprüfung oder eines Dritten gemäß § 102 Absatz 2. Die Verantwortlichen nach Satz 2 haben an der Beratung über diese Vorlagen im Rechnungsprüfungsausschuss teilzunehmen und über die wesentlichen Ergebnisse ihrer Prüfung, insbesondere wesentliche Schwächen des internen Kontrollsystems bezogen auf den Rechnungslegungsprozess, zu berichten. Der Rechnungsprüfungsausschuss hat zu dem Ergebnis der Jahresabschlussprüfung schriftlich gegenüber dem Rat Stellung zu nehmen. Am Schluss dieses Berichtes hat der Rechnungsprüfungsausschuss zu erklären, ob nach dem abschließenden Ergebnis seiner Prüfung Einwendungen zu erheben sind und ob er den vom Bürgermeister aufgestellten Jahresabschluss und Lagebericht billigt. Sofern ein Gesamtabschluss und Gesamtlagebericht erstellt wird, finden die Sätze 1 bis 5 entsprechende Anwendung auf den Gesamtabschluss.

(4) Werden der Jahresabschluss, der Gesamtabschluss, der Lagebericht oder der Gesamtlagebericht nach Vorlage des Prüfungsberichts geändert, so hat der Rechnungsprüfungsausschuss diese Unterlagen erneut zu prüfen, soweit es die Änderung erfordert. Über das Ergebnis der Prüfung ist dem Rat gemäß Absatz 3 Satz 4 und 5 zu berichten.

§ 60 [1]

Eil- und Dringlichkeitsentscheidungen

(1) Der Hauptausschuss entscheidet in Angelegenheiten, die der Beschlussfassung des Rates unterliegen, falls eine Einberufung des Rates nicht rechtzeitig möglich ist (Eilentscheidung). Ist auch die Einberufung des Hauptausschusses nicht rechtzeitig möglich und kann die Entscheidung nicht aufgeschoben werden, weil sonst erhebliche Nachteile oder Gefahren entstehen können, kann die Bürgermeisterin oder der Bürgermeister und im Falle ihrer oder seiner Verhinderung die allgemeine Vertreterin oder der allgemeine Vertreter mit einem Ratsmitglied entscheiden (Dringlichkeitsentscheidung). Die nach Satz 1 oder nach Satz 2 getroffenen Entscheidungen sind dem Rat in der nächsten Sitzung zur Genehmigung vorzulegen. Er kann die Entscheidungen aufheben, soweit nicht schon Rechte anderer durch die Ausführung des Beschlusses entstanden sind.

(2) Der Hauptausschuss entscheidet ferner in Angelegenheiten, die der Beschlussfassung des Rates unterliegen, wenn und solange nach § 14 des Infektionsschutz- und Befugnisgesetzes vom 14. April 2020 (GV. NRW. S. 218b), das zuletzt durch Gesetz vom 4. Mai 2021 (GV. NRW. S. 566) geändert worden ist, eine epidemische Lage von landesweiter Tragweite festgestellt ist und wenn zwei Drittel der Mitglieder des Rates einer Delegierung an den Hauptausschuss zugestimmt haben. Die Stimmabgaben können in Textform erfolgen.

---

[1] Mit Wirkung zum 1. Januar 2023 wird § 60 Abs. 2 aufgehoben und Abs. 3 wird Abs. 2.

(3) Ist die Einberufung eines Ausschusses, dem eine Angelegenheit zur Entscheidung übertragen ist, nicht rechtzeitig möglich, kann die Bürgermeisterin oder der Bürgermeister und im Falle ihrer oder seiner Verhinderung die allgemeine Vertreterin oder der allgemeine Vertreter mit der oder dem Ausschussvorsitzenden oder einem anderen dem Ausschuss angehörenden Ratsmitglied entscheiden. Die Entscheidung ist dem Ausschuss in der nächsten Sitzung zur Genehmigung vorzulegen. Absatz 1 Satz 4 gilt entsprechend.

§ 61

Planung der Verwaltungsaufgaben

Im Rahmen der vom Rat festgelegten allgemeinen Richtlinien entscheidet der Hauptausschuß über die Planung der Verwaltungsaufgaben von besonderer Bedeutung. Zu diesem Zweck hat der Bürgermeister den Hauptausschuß regelmäßig und frühzeitig über solche Planungsvorhaben zu unterrichten.

6. Teil

Bürgermeister

§ 62

§ 6 KWahlG

Aufgaben und Stellung des Bürgermeisters

(1) Der Bürgermeister ist kommunaler Wahlbeamter. Der Bürgermeister ist verantwortlich für die Leitung und Beaufsichtigung des Geschäftsgangs der gesamten Verwaltung. Er leitet und verteilt die Geschäfte. Dabei kann er sich bestimmte Aufgaben vorbehalten und die Bearbeitung einzelner Angelegenheiten selbst übernehmen.

(2) Der Bürgermeister bereitet die Beschlüsse des Rates, der Bezirksvertretungen und der Ausschüsse vor. Er führt diese Beschlüsse und Entscheidungen nach § 60 Absatz 1 Satz 2 und Absatz 3[2] Satz 1 sowie Weisungen, die im Rahmen des § 3 Absatz 2

47, 48

---

2) Mir Wirkung zum 1. Januar 2023 wird „Absatz 3" durch „Absatz 2" ersetzt.

und des § 132 ergehen, unter der Kontrolle des Rates und in Verantwortung ihm gegenüber durch. Der Bürgermeister entscheidet ferner in Angelegenheiten, die ihm vom Rat oder von den Ausschüssen zur Entscheidung übertragen sind.

(3) Dem Bürgermeister obliegt die Erledigung aller Aufgaben, die ihm aufgrund gesetzlicher Vorschriften übertragen sind.

(4) Der Bürgermeister hat die Gemeindevertretung über alle wichtigen Gemeindeangelegenheiten zu unterrichten.

§ 63

Vertretung der Gemeinde

(1) Unbeschadet der dem Rat und seinen Ausschüssen zustehenden Entscheidungsbefugnisse ist der Bürgermeister der gesetzliche Vertreter der Gemeinde in Rechts- und Verwaltungsgeschäften. § 74 Abs. 3 und § 64 bleiben unberührt.

(2) Für die Vertretung der Gemeinde in Organen von juristischen Personen oder Personenvereinigungen gilt § 113.

§ 64

Abgabe von Erklärungen

(1) Erklärungen, durch welche die Gemeinde verpflichtet werden soll, bedürfen der Schriftform. Sie sind vom Bürgermeister oder dem allgemeinen Vertreter zu unterzeichnen, soweit nicht dieses Gesetz etwas anderes bestimmt.

(2) Absatz 1 gilt nicht für Geschäfte der laufenden Verwaltung.

(3) Geschäfte, die ein für ein bestimmtes Geschäft oder einen Kreis von Geschäften ausdrücklich Bevollmächtigter abschließt, bedürfen nicht der Form des Absatzes 1, wenn die Vollmacht in der Form dieses Absatzes erteilt ist.

(4) Erklärungen, die nicht den Formvorschriften dieses Gesetzes entsprechen, binden die Gemeinde nicht.

§ 65

Wahl des Bürgermeisters

(1) Der Bürgermeister wird von den Bürgern in allgemeiner, unmittelbarer, freier, gleicher und geheimer Wahl auf die Dauer von fünf Jahren nach den Grundsätzen der Mehrheitswahl zugleich mit dem Rat gewählt. Scheidet der Bürgermeister durch Tod, Eintritt in den Ruhestand oder aus sonstigen Gründen vor Ablauf seiner Amtszeit aus dem Amt aus oder ist die Wahl eines Bürgermeisters aus anderen Gründen während der Wahlperiode des Rates erforderlich, so findet die Wahl des Nachfolgers spätestens sechs Monate nach Ausscheiden des Bürgermeisters aus dem Amt statt. Die näheren Vorschriften trifft das Kommunalwahlgesetz.

(2) Wählbar ist, wer am Wahltag Deutscher im Sinne von Artikel 116 Abs. 1 des Grundgesetzes ist oder wer die Staatsangehörigkeit eines Mitgliedstaates der Europäischen Union besitzt und eine Wohnung in der Bundesrepublik Deutschland innehat, das 23. Lebensjahr vollendet hat und nicht vom Wahlrecht ausgeschlossen ist sowie die Gewähr dafür bietet, daß er jederzeit für die freiheitlich demokratische Grundordnung im Sinne des Grundgesetzes eintritt. Nicht wählbar ist, wer am Wahltag infolge Richterspruchs in der Bundesrepublik Deutschland die Wählbarkeit oder die Fähigkeit zur Bekleidung öffentlicher Ämter nicht besitzt.

(3) Der Bürgermeister wird vom Vorsitzenden (ehrenamtlicher Stellvertreter oder Altersvorsitzender) in einer Sitzung des Rates vereidigt und in sein Amt eingeführt.

(4) Für die dienstrechtliche Stellung gelten die beamtenrechtlichen Vorschriften.

(5) Endet das Beamtenverhältnis des Bürgermeisters vor Ablauf seiner Amtszeit, wird der Nachfolger bis zum Ende der nächsten Wahlperiode des Rates gewählt, es sei denn, die Amtszeit des Nachfolgers beginnt innerhalb der ersten zwei Jahre der Wahlperiode des Rates. In diesem Fall endet sie mit dem Ende der laufenden Wahlperiode.

(6) Eine Wahl findet nach Ablauf des 51. Monats nach der allgemeinen Kommunalwahl nicht mehr statt.

§ 66
Abwahl des Bürgermeisters

(1) Der Bürgermeister kann von den Bürgern der Gemeinde vor Ablauf seiner Amtszeit abgewählt werden. Zur Einleitung des Abwahlverfahrens bedarf es

1. eines von mindestens der Hälfte der gesetzlichen Zahl der Ratsmitglieder gestellten Antrags und eines mit einer Mehrheit von zwei Dritteln der gesetzlichen Zahl der Ratsmitglieder zu fassenden Beschlusses. Zwischen dem Eingang des Antrags und dem Beschluss des Rates muss eine Frist von mindestens zwei Wochen liegen. Über den Antrag auf Einleitung des Abwahlverfahrens ist ohne Aussprache namentlich abzustimmen;

oder

2. eines in Gemeinden

   a) mit bis zu 50.000 Einwohnern von mindestens 20 Prozent der wahlberechtigten Bürger der Gemeinde,

   b) mit über 50.000 bis zu 100.000 Einwohnern von mindestens 17,5 Prozent der wahlberechtigten Bürger der Gemeinde

   und

   c) mit mehr als 100.000 Einwohnern von mindestens 15 Prozent der wahlberechtigten Bürger der Gemeinde

gestellten Antrags; § 26 Absatz 4 Sätze 2 und 3 gelten entsprechend.

Der Bürgermeister ist abgewählt, wenn sich für die Abwahl eine Mehrheit der abgegebenen gültigen Stimmen der wahlberechtigten Bürger ergibt, sofern diese Mehrheit mindestens 25 Prozent der Wahlberechtigten beträgt. Für das weitere Verfahren gelten die Vorschriften des Kommunalwahlgesetzes entsprechend. Der Bürgermeister scheidet mit dem Ablauf des Tages, an dem der Wahlausschuss die Abwahl feststellt, aus seinem Amt. Die Aufsichtsbehörde kann für die Dauer des Abwahlverfahrens das Ruhen der

Amtsgeschäfte des Bürgermeisters anordnen, wenn der Rat dies mit einer Mehrheit von zwei Dritteln der gesetzlichen Zahl der Ratsmitglieder beantragt.

(2) Der Bürgermeister kann binnen einer Woche

1. nach dem Beschluss gemäß Absatz 1 Satz 2 Nummer 1

oder

2. nach Feststellung der Zulässigkeit des Antrags nach Absatz 1 Satz 2 Nummer 2 durch den Rat

auf die Entscheidung der Bürger über seine Abwahl verzichten. Der Verzicht ist schriftlich gegenüber dem ehrenamtlichen Stellvertreter zu erklären. Mit dem Ablauf des Tages, an dem dieser Verzicht dem ehrenamtlichen Stellvertreter zugeht, gilt die Abwahl als erfolgt.

(3) Der Antrag nach Absatz 1 Satz 2 Nummer 2 ist schriftlich beim Rat einzureichen und muss das Begehren zweifelsfrei erkennen lassen. Er muss bis zu drei Bürger benennen, die berechtigt sind, die Unterzeichnenden zu vertreten. § 25 Absatz 4 gilt entsprechend. Die Unterzeichnenden müssen an dem von ihnen anzugebenden Tag ihrer Unterschrift wahlberechtigt sein. Die Unterschriften dürfen bei Eingang des Antrags nicht älter als vier Monate sein. Nach Antragseingang eingereichte Unterschriftslisten werden nicht mehr berücksichtigt. Der Rat stellt unverzüglich fest, ob der Antrag zulässig ist. Gegen die ablehnende Entscheidung des Rates können nur die Vertreter des Antrags nach Satz 2 Klage erheben.

§ 67

Wahl der Stellvertreter des Bürgermeisters

(1) Der Rat wählt für die Dauer seiner Wahlperiode aus seiner Mitte ohne Aussprache ehrenamtliche Stellvertreter des Bürgermeisters. Sie vertreten den Bürgermeister bei der Leitung der Ratssitzungen und bei der Repräsentation.

(2) Bei der Wahl der Stellvertreter des Bürgermeisters wird nach den Grundsätzen der Verhältniswahl in einem Wahlgang geheim abgestimmt. Dabei sind die Wahlstellen auf die Wahlvorschläge der Fraktionen und Gruppen des Rates nach der Reihenfolge der Höchstzahlen zu verteilen, die sich durch Teilung der auf die Wahlvorschläge entfallenden Stimmenzahlen durch 1, 2, 3 usw. ergeben. Erster Stellvertreter des Bürgermeisters ist, wer an erster Stelle des Wahlvorschlags steht, auf den die erste Höchstzahl entfällt, zweiter Stellvertreter, wer an vorderster noch nicht in Anspruch genommener Stelle des Wahlvorschlags steht, auf den die zweite Höchstzahl entfällt, dritter Stellvertreter, wer an vorderster noch nicht in Anspruch genommener Stelle des Wahlvorschlags steht, auf den die dritte Höchstzahl entfällt usw. Zwischen Wahlvorschlägen mit gleichen Höchstzahlen findet eine Stichwahl statt; bei Stimmengleichheit entscheidet das vom Bürgermeister zu ziehende Los. Nimmt ein gewählter Bewerber die Wahl nicht an, so ist gewählt, wer an nächster Stelle desselben Wahlvorschlags steht. Ist ein Wahlvorschlag erschöpft, tritt an seine Stelle der Wahlvorschlag mit der nächsten Höchstzahl. Scheidet ein stellvertretender Bürgermeister während der Wahlperiode aus, ist der Nachfolger für den Rest der Wahlperiode ohne Aussprache in geheimer Abstimmung nach § 50 Abs. 2 zu wählen.

(3) Die Stellvertreter des Bürgermeisters und die übrigen Ratsmitglieder werden von dem Bürgermeister eingeführt und in feierlicher Form zur gesetzmäßigen und gewissenhaften Wahrnehmung ihrer Aufgaben verpflichtet.

(4) Der Rat kann die Stellvertreter des Bürgermeisters abberufen. Der Antrag kann nur mit der Mehrheit der gesetzlichen Zahl der Mitglieder gestellt werden. Zwischen dem Eingang des Antrags und der Sitzung des Rates muß eine Frist von wenigstens zwei Tagen liegen. Über den Antrag ist ohne Aussprache abzustimmen. Der Beschluß über die Abberufung bedarf einer Mehrheit von zwei Dritteln der gesetzlichen Zahl der Mitglieder. Der Nachfolger ist innerhalb einer Frist von zwei Wochen ohne Aussprache in geheimer Abstimmung nach § 50 Abs. 2 zu wählen.

(5) Der Bürgermeister – im Falle seiner Verhinderung der Altersvorsitzende – leitet die Sitzung bei der Wahl der Stellvertreter des Bürgermeisters sowie bei Entscheidungen, die vorher getroffen werden müssen. Dies gilt auch für die Abberufung der Stellvertreter des Bürgermeisters.

§ 68

Vertretung im Amt

(1) Der Rat bestellt einen Beigeordneten zum allgemeinen Vertreter des Bürgermeisters. Die übrigen Beigeordneten sind zur allgemeinen Vertretung des Bürgermeisters nur berufen, wenn der zur allgemeinen Vertretung bestellte Beigeordnete verhindert ist. Die Reihenfolge bestimmt der Rat. Ist ein Beigeordneter nicht vorhanden, so bestellt der Rat den allgemeinen Vertreter.

(2) Die Beigeordneten vertreten den Bürgermeister in ihrem Arbeitsgebiet.

(3) Der Bürgermeister kann andere Bedienstete mit der auftragsweisen Erledigung bestimmter Angelegenheiten betrauen. Er kann die Befugnis auf Beigeordnete für deren Arbeitsgebiet übertragen.

§ 69

Teilnahme an Sitzungen

(1) Der Bürgermeister und die Beigeordneten nehmen an den Sitzungen des Rates teil. Der Bürgermeister ist berechtigt und auf Verlangen eines Ratsmitgliedes verpflichtet, zu einem Punkt der Tagesordnung vor dem Rat Stellung zu nehmen. Auch Beigeordnete sind hierzu verpflichtet, falls es der Rat oder der Bürgermeister verlangt.

(2) Der Bürgermeister und die Beigeordneten sind berechtigt und auf Verlangen eines Ausschusses in Angelegenheiten ihres Geschäftsbereichs verpflichtet, an dessen Sitzungen teilzunehmen. Absatz 1 Satz 2 gilt entsprechend.

7. Teil

Verwaltungsvorstand und Gemeindebedienstete

§ 70

Verwaltungsvorstand

(1) Sind Beigeordnete bestellt, bilden sie zusammen mit dem Bürgermeister und Kämmerer den Verwaltungsvorstand. Der Bürgermeister führt den Vorsitz.

(2) Der Verwaltungsvorstand wirkt insbesondere mit bei

a) den Grundsätzen der Organisation und der Verwaltungsführung,

b) der Planung von Verwaltungsaufgaben mit besonderer Bedeutung,

c) der Aufstellung des Haushaltsplans, unbeschadet der Rechte des Kämmerers,

d) den Grundsätzen der Personalführung und Personalverwaltung,

e) der Konzeption der Kosten- und Leistungsrechnung.

(3) Der Bürgermeister ist verpflichtet, zur Erhaltung der Einheitlichkeit der Verwaltungsführung regelmäßig den Verwaltungsvorstand zur gemeinsamen Beratung einzuberufen. Die Mitglieder des Verwaltungsvorstandes sind verpflichtet, sich im Interesse der Einheitlichkeit der Verwaltungsführung gegenseitig zu unterrichten und zu beraten.

(4) Bei Meinungsverschiedenheiten entscheidet der Bürgermeister. Die Beigeordneten sind berechtigt, ihre abweichenden Meinungen in Angelegenheiten ihres Geschäftsbereichs dem Hauptausschuß vorzutragen. Dieses haben sie dem Bürgermeister vorab mitzuteilen.

§ 71

Wahl der Beigeordneten

(1) Die Zahl der Beigeordneten wird durch die Hauptsatzung festgelegt. Die Beigeordneten sind kommunale Wahlbeamte. Sie werden vom Rat für die Dauer von acht Jahren gewählt.

(2) Die Wahl oder Wiederwahl darf frühestens sechs Monate vor Freiwerden der Stelle erfolgen. Die Stellen der Beigeordneten sind auszuschreiben, bei Wiederwahl kann hiervon abgesehen werden.

(3) Die Beigeordneten müssen die für ihr Amt erforderlichen fachlichen Voraussetzungen erfüllen und eine ausreichende Erfahrung für dieses Amt nachweisen. In kreisfreien Städten und Großen kreisangehörigen Städten muss mindestens einer der Beigeordneten die Befähigung zum Richteramt oder zur Laufbahn des allgemeinen Verwaltungsdienstes im Land Nordrhein-Westfalen in der Laufbahngruppe 2, zweites Einstiegsamt, besitzen. In den übrigen Gemeinden muss mindestens einer der Beigeordneten mindestens die Befähigung für die Laufbahn des allgemeinen Verwaltungsdienstes im Land Nordrhein-Westfalen in der Laufbahngruppe 2, erstes Einstiegsamt, besitzen.

(4) In kreisfreien Städten muß ein Beigeordneter als Stadtkämmerer bestellt werden.

(5) Die Beigeordneten sind verpflichtet, eine erste und zweite Wiederwahl anzunehmen, wenn sie spätestens drei Monate vor Ablauf der Amtszeit wiedergewählt werden. Lehnt ein Beigeordneter die Weiterführung des Amtes ohne wichtigen Grund ab, so ist er mit Ablauf der Amtszeit zu entlassen. Ob ein wichtiger Grund vorliegt, entscheidet der Rat. Ein wichtiger Grund liegt vor, wenn die Anstellungsbedingungen gegenüber denen der davor liegenden Amtszeit verschlechtert werden.

(6) Die Beigeordneten werden vom Bürgermeister vereidigt.

(7) Der Rat kann Beigeordnete abberufen. Der Antrag kann nur von der Mehrheit der gesetzlichen Zahl der Mitglieder gestellt werden. Zwischen dem Eingang des Antrags und der Sitzung des Rates

muß eine Frist von mindestens sechs Wochen liegen. Über den Antrag ist ohne Aussprache abzustimmen. Der Beschluß über die Abberufung bedarf einer Mehrheit von zwei Dritteln der gesetzlichen Zahl der Mitglieder. Ein Nachfolger ist innerhalb einer Frist von sechs Monaten zu wählen.

§ 72

Gründe der Ausschließung vom Amt

Die Beigeordneten dürfen untereinander nicht Angehörige sein.

§ 73

Geschäftsverteilung und Dienstaufsicht

(1) Der Rat kann die Geschäftskreise der Beigeordneten im Einvernehmen mit dem Bürgermeister festlegen. Kommt ein Einvernehmen nicht zu Stande, kann der Rat den Geschäftskreis der Beigeordneten mit der Mehrheit der gesetzlichen Zahl der Ratsmitglieder festlegen. Bei Entscheidungen des Rates nach Satz 1 und 2 stimmt der Bürgermeister nicht mit. Erfolgt keine Entscheidung nach Satz 1 oder 2 gilt § 62 Abs. 1 Satz 3 und 4.

(2) Der Bürgermeister ist Dienstvorgesetzter der Bediensteten der Gemeinde.

(3) Der Bürgermeister trifft die dienstrechtlichen und arbeitsrechtlichen Entscheidungen, soweit gesetzlich nichts anderes bestimmt ist. Die Hauptsatzung kann bestimmen, dass für Bedienstete in Führungsfunktionen Entscheidungen, die das beamtenrechtliche Grundverhältnis oder das Arbeitsverhältnis eines Bediensteten zur Gemeinde verändern, durch den Rat oder den Hauptausschuss im Einvernehmen mit dem Bürgermeister zu treffen sind, soweit gesetzlich nichts anderes bestimmt ist. Kommt ein Einvernehmen nicht zu Stande, kann der Rat die Entscheidung mit einer Mehrheit von zwei Dritteln der gesetzlichen Zahl der Ratsmitglieder treffen. Bei Entscheidungen des Rates nach Satz 2 und 3 stimmt der Bürgermeister nicht mit. Erfolgt keine Entscheidung nach Satz 2 oder 3, gilt Satz 1. Bedienstete in Führungsfunktionen

sind Leiter von Organisationseinheiten, die dem Hauptverwaltungsbeamten oder einem anderen Wahlbeamten oder diesem in der Führungsfunktion vergleichbaren Bediensteten unmittelbar unterstehen, mit Ausnahme von Bediensteten mit Aufgaben eines persönlichen Referenten oder Pressereferenten.

§ 74
Bedienstete der Gemeinde

(1) Die Bediensteten der Gemeinde müssen die für ihren Arbeitsbereich erforderlichen fachlichen Voraussetzungen erfüllen, insbesondere die Ablegung der vorgeschriebenen Prüfungen nachweisen.

(2) Der Stellenplan ist einzuhalten; Abweichungen sind nur zulässig, soweit sie aufgrund des Besoldungs- oder Tarifrechts zwingend erforderlich sind.

(3) Die nach geltendem Recht auszustellenden Urkunden für Beamte sowie Arbeitsverträge und sonstige schriftliche Erklärungen zur Regelung der Rechtsverhältnisse von Bediensteten bedürfen der Unterzeichnung durch den Bürgermeister oder seinen allgemeinen Vertreter. Der Bürgermeister kann die Unterschriftsbefugnis durch Dienstanweisung übertragen.

8. Teil
Haushaltswirtschaft

§ 75
Allgemeine Haushaltsgrundsätze

(1) Die Gemeinde hat ihre Haushaltswirtschaft so zu planen und zu führen, dass die stetige Erfüllung ihrer Aufgaben gesichert ist. Die Haushaltswirtschaft ist wirtschaftlich, effizient und sparsam zu führen. Dabei ist den Erfordernissen des gesamtwirtschaftlichen Gleichgewichts Rechnung zu tragen.

(2) Der Haushalt muss in jedem Jahr in Planung und Rechnung ausgeglichen sein. Er ist ausgeglichen, wenn der Gesamtbetrag der Erträge die Höhe des Gesamtbetrages der Aufwendungen erreicht oder übersteigt. Die Verpflichtung des Satzes 1 gilt als erfüllt, wenn der Fehlbedarf im Ergebnisplan und der Fehlbetrag in der Ergebnisrechnung durch Inanspruchnahme der Ausgleichsrücklage gedeckt werden können. Anstelle einer bestehenden oder fehlenden Ausgleichsrücklage oder zusätzlich zur Verwendung der Ausgleichsrücklage kann im Ergebnisplan auch eine pauschale Kürzung von Aufwendungen bis zu einem Betrag von 1 Prozent der Summe der ordentlichen Aufwendungen unter Angabe der zu kürzenden Teilpläne veranschlagt werden (globaler Minderaufwand).

(3) In der Bilanz ist eine Ausgleichsrücklage zusätzlich zur allgemeinen Rücklage als gesonderter Posten des Eigenkapitals anzusetzen. Der Ausgleichsrücklage können Jahresüberschüsse durch Beschluss nach § 96 Absatz 1 Satz 2 zugeführt werden, soweit die allgemeine Rücklage einen Bestand in Höhe von mindestens 3 Prozent der Bilanzsumme des Jahresabschlusses der Gemeinde aufweist.

(4) Wird bei der Aufstellung der Haushaltssatzung eine Verringerung der allgemeinen Rücklage vorgesehen, bedarf dies der Genehmigung der Aufsichtsbehörde. Die Genehmigung gilt als erteilt, wenn die Aufsichtsbehörde nicht innerhalb eines Monats nach Eingang des Antrages der Gemeinde eine andere Entscheidung trifft. Die Genehmigung kann unter Bedingungen und mit Auflagen erteilt werden. Sie ist mit der Verpflichtung, ein Haushaltssicherungskonzept nach § 76 aufzustellen, zu verbinden, wenn die Voraussetzungen des § 76 Abs. 1 vorliegen.

(5) Weist die Ergebnisrechnung bei der Bestätigung des Jahresabschlusses gem. § 95 Abs. 3 trotz eines ursprünglich ausgeglichenen Ergebnisplans einen Fehlbetrag oder einen höheren Fehlbetrag als im Ergebnisplan ausgewiesen aus, so hat die Gemeinde dies der Aufsichtsbehörde unverzüglich anzuzeigen. Die Aufsichtsbehörde kann in diesem Fall Anordnungen treffen, erforderlichenfalls diese Anordnungen selbst durchführen oder – wenn und solange diese

Befugnisse nicht ausreichen – einen Beauftragten bestellen, um eine geordnete Haushaltswirtschaft wieder herzustellen. §§123 und 124 gelten sinngemäß.

(6) Die Liquidität der Gemeinde einschließlich der Finanzierung der Investitionen ist sicherzustellen.

(7) Die Gemeinde darf sich nicht überschulden. Sie ist überschuldet, wenn nach der Bilanz das Eigenkapital aufgebraucht ist.

§ 76

Haushaltssicherungskonzept

(1) Die Gemeinde hat zur Sicherung ihrer dauerhaften Leistungsfähigkeit ein Haushaltssicherungskonzept aufzustellen und darin den nächstmöglichen Zeitpunkt zu bestimmen, bis zu dem der Haushaltsausgleich wieder hergestellt ist, wenn bei der Aufstellung der Haushaltssatzung

1. durch Veränderungen des Haushalts innerhalb eines Haushaltsjahres der in der Schlussbilanz des Vorjahres auszuweisende Ansatz der allgemeinen Rücklage um mehr als ein Viertel verringert wird oder

2. in zwei aufeinanderfolgenden Haushaltsjahren geplant ist, den in der Schlussbilanz des Vorjahres auszuweisenden Ansatz der allgemeinen Rücklage jeweils um mehr als ein Zwanzigstel zu verringern oder

3. innerhalb des Zeitraumes der mittelfristigen Ergebnis- und Finanzplanung die allgemeine Rücklage aufgebraucht wird.

Dies gilt entsprechend bei der Bestätigung über den Jahresabschluss gemäß § 95 Absatz 3.

(2) Das Haushaltsicherungskonzept dient dem Ziel, im Rahmen einer geordneten Haushaltswirtschaft die künftige, dauernde Leistungsfähigkeit der Gemeinde zu erreichen. Es bedarf der Genehmigung der Aufsichtsbehörde. Die Genehmigung soll nur erteilt werden, wenn aus dem Haushaltssicherungskonzept hervorgeht, dass

spätestens im zehnten auf das Haushaltsjahr folgende Jahr der Haushaltsausgleich nach § 75 Absatz 2 wieder erreicht wird. Im Einzelfall kann durch Genehmigung der Bezirksregierung auf der Grundlage eines individuellen Sanierungskonzeptes von diesem Konsolidierungszeitraum abgewichen werden. Die Genehmigung des Haushaltssicherungskonzeptes kann unter Bedingungen und mit Auflagen erteilt werden.

§ 77
Grundsätze der Finanzmittelbeschaffung

(1) Die Gemeinde erhebt Abgaben nach den gesetzlichen Vorschriften.

(2) Sie hat die zur Erfüllung ihrer Aufgaben erforderlichen Finanzmittel

1. soweit vertretbar und geboten, aus selbst zu bestimmenden Entgelten für die von ihr erbrachten Leistungen, sowie

2. im Übrigen aus Steuern

zu beschaffen, soweit die sonstigen Finanzmittel nicht ausreichen.

(3) Die Gemeinde hat bei der Finanzmittelbeschaffung auf die wirtschaftlichen Kräfte ihrer Abgabepflichtigen Rücksicht zu nehmen.

(4) Die Gemeinde darf Kredite nur aufnehmen, wenn eine andere Finanzierung nicht möglich ist oder wirtschaftlich unzweckmäßig wäre.

§ 78
Haushaltssatzung

(1) Die Gemeinde hat für jedes Haushaltsjahr eine Haushaltssatzung zu erlassen.

(2) Die Haushaltssatzung enthält die Festsetzung

1. des Haushaltsplans

    a) im Ergebnisplan unter Angabe des Gesamtbetrages der Erträge und der Aufwendungen des Haushaltsjahres,

    b) im Finanzplan unter Angabe des Gesamtbetrages der Einzahlungen und Auszahlungen aus laufender Verwaltungstätigkeit, des Gesamtbetrages der Einzahlungen und Auszahlungen aus der Investitionstätigkeit und aus der Finanzierungstätigkeit des Haushaltsjahres,

    c) unter Angabe der vorgesehenen Kreditaufnahmen für Investitionen (Kreditermächtigung),

    d) unter Angabe der vorgesehenen Ermächtigungen zum Eingehen von Verpflichtungen, die künftige Haushaltsjahre mit Auszahlungen für Investitionen belasten (Verpflichtungsermächtigungen),

2. der Inanspruchnahme der Ausgleichsrücklage und der Verringerung der allgemeinen Rücklage,

3. des Höchstbetrages der Kredite zur Liquiditätssicherung,

4. der Steuersätze, die für jedes Haushaltsjahr neu festzusetzen sind,

5. des Jahres, in dem der Haushaltsausgleich wieder hergestellt ist.

Sie kann weitere Vorschriften enthalten, die sich auf die Erträge und die Aufwendungen, Einzahlungen und Auszahlungen, den Stellenplan des Haushaltsjahres und das Haushaltssicherungskonzept beziehen.

(3) Die Haushaltssatzung tritt mit Beginn des Haushaltsjahres in Kraft und gilt für das Haushaltsjahr. Sie kann Festsetzungen für zwei Haushaltsjahre, nach Jahren getrennt, enthalten.

(4) Haushaltsjahr ist das Kalenderjahr, soweit für einzelne Bereiche durch Gesetz oder Rechtsverordnung nichts anderes bestimmt ist.

§ 79

Haushaltsplan

(1) Der Haushaltsplan enthält alle im Haushaltsjahr für die Erfüllung der Aufgaben der Gemeinde voraussichtlich

1. anfallenden Erträge und eingehenden Einzahlungen,

2. entstehenden Aufwendungen und zu leistenden Auszahlungen,

3. notwendigen Verpflichtungsermächtigungen.

Die Vorschriften über die Sondervermögen der Gemeinde bleiben unberührt.

(2) Der Haushaltsplan ist in einen Ergebnisplan und einen Finanzplan sowie in Teilpläne zu gliedern. Das Haushaltssicherungskonzept gemäß § 76 ist Teil des Haushaltsplans; der Stellenplan für die Bediensteten ist Anlage des Haushaltsplans.

(3) Der Haushaltsplan ist Grundlage für die Haushaltswirtschaft der Gemeinde. Er ist nach Maßgabe dieses Gesetzes und der aufgrund dieses Gesetzes erlassenen Vorschriften für die Haushaltsführung verbindlich. Ansprüche und Verbindlichkeiten Dritter werden durch ihn weder begründet noch aufgehoben.

§ 80

Erlass der Haushaltssatzung

(1) Der Entwurf der Haushaltssatzung mit ihren Anlagen wird vom Kämmerer aufgestellt und dem Bürgermeister zur Bestätigung vorgelegt.

(2) Der Bürgermeister leitet den von ihm bestätigten Entwurf dem Rat zu. Soweit er von dem ihm vorgelegten Entwurf abweicht, kann der Kämmerer dazu eine Stellungnahme abgeben. Wird von diesem Recht Gebrauch gemacht, hat der Bürgermeister die Stellungnahme mit dem Entwurf dem Rat vorzulegen.

(3) Nach Zuleitung des Entwurfs der Haushaltssatzung mit ihren Anlagen an den Rat ist dieser unverzüglich bekannt zu geben und während der Dauer des Beratungsverfahrens im Rat zur Einsichtnahme verfügbar zu halten. In der öffentlichen Bekanntgabe ist eine Frist von mindestens vierzehn Tagen festzulegen, in der Einwohner oder Abgabepflichtige gegen den Entwurf Einwendungen erheben können und die Stelle anzugeben, bei der die Einwendungen zu er-

heben sind. Die Frist für die Erhebung von Einwendungen ist so festzusetzen, dass der Rat vor der Beschlussfassung über die Haushaltssatzung mit ihren Anlagen in öffentlicher Sitzung darüber beschließen kann.

(4) Der Entwurf der Haushaltssatzung mit ihren Anlagen ist vom Rat in öffentlicher Sitzung zu beraten und zu beschließen. In der Beratung des Rates kann der Kämmerer seine abweichende Auffassung vertreten.

(5) Die vom Rat beschlossene Haushaltssatzung mit ihren Anlagen ist der Aufsichtsbehörde anzuzeigen. Die Anzeige soll spätestens einen Monat vor Beginn des Haushaltsjahres erfolgen. Die Haushaltssatzung darf frühestens einen Monat nach der Anzeige bei der Aufsichtsbehörde öffentlich bekannt gemacht werden. Die Anzeigefrist beginnt erst zu laufen, wenn die gemäß Satz 1 anzuzeigenden Unterlagen der Aufsichtsbehörde vollständig vorgelegt wurden. Die Aufsichtsbehörde kann im Einzelfall aus besonderem Grund die Anzeigefrist verkürzen oder verlängern. Ist ein Haushaltssicherungskonzept nach § 76 aufzustellen, so darf die Haushaltssatzung erst nach Erteilung der Genehmigung bekannt gemacht werden.

(6) Die Haushaltssatzung mit ihren Anlagen ist im Anschluss an die öffentliche Bekanntmachung bis zum Ende der in § 96 Abs. 2 benannten Frist zur Einsichtnahme verfügbar zu halten.

§ 81

Nachtragssatzung

(1) Die Haushaltssatzung kann nur durch Nachtragssatzung geändert werden, die spätestens bis zum Ablauf des Haushaltsjahres zu beschließen ist. Für die Nachtragssatzung gelten die Vorschriften für die Haushaltssatzung entsprechend.

(2) Die Gemeinde hat unverzüglich eine Nachtragssatzung zu erlassen, wenn

1. sich zeigt, dass trotz Ausnutzung jeder Sparmöglichkeit

a) ein erheblicher Jahresfehlbetrag entstehen wird und der Haushaltsausgleich nur durch eine Änderung der Haushaltssatzung erreicht werden kann oder

b) ein erheblich höherer Jahresfehlbetrag als geplant entstehen wird und der höhere Fehlbetrag nur durch eine Änderung der Haushaltssatzung vermieden werden kann,

2. bisher nicht veranschlagte oder zusätzliche Aufwendungen oder Auszahlungen bei einzelnen Haushaltspositionen in einem im Verhältnis zu den Gesamtaufwendungen oder Gesamtauszahlungen erheblichen Umfang geleistet werden müssen,

3. Auszahlungen für bisher nicht veranschlagte Investitionen geleistet werden sollen.

Dies gilt nicht für überplanmäßige Auszahlungen im Sinne des § 83 Abs. 3.

(3) Absatz 2 Nrn. 2 und 3 findet keine Anwendung auf

1. geringfügige Investitionen und Instandsetzungen an Bauten, die unabweisbar sind,

2. Umschuldung von Krediten für Investitionen.

(4) Im Übrigen kann, wenn die Entwicklung der Erträge oder der Aufwendungen oder die Erhaltung der Liquidität es erfordert, der Rat die Inanspruchnahme von Ermächtigungen sperren. Er kann seine Sperre und die des Kämmerers oder des Bürgermeisters aufheben.

(5) Im Zuge der Ausbreitung der COVID-19-Pandemie findet im Haushaltsjahr 2020 Absatz 4 keine Anwendung.

§ 82
Vorläufige Haushaltsführung

(1) Ist die Haushaltssatzung bei Beginn des Haushaltsjahres noch nicht bekannt gemacht, so darf die Gemeinde ausschließlich

1. Aufwendungen entstehen lassen und Auszahlungen leisten, zu denen sie rechtlich verpflichtet ist oder die für die Weiterführung notwendiger Aufgaben unaufschiebbar sind; sie darf insbesondere Bauten, Beschaffungen und sonstige Investitionsleistungen, für die im Haushaltsplan des Vorjahres Finanzpositionen oder Verpflichtungsermächtigungen vorgesehen waren, fortsetzen,

2. Realsteuern nach den Sätzen des Vorjahres erheben,

3. Kredite umschulden.

(2) Reichen die Finanzmittel für die Fortsetzung der Bauten, der Beschaffungen und der sonstigen Leistungen des Finanzplans nach Absatz 1 Nr. 1 nicht aus, so darf die Gemeinde mit Genehmigung der Aufsichtsbehörde Kredite für Investitionen bis zu einem Viertel des Gesamtbetrages der in der Haushaltssatzung des Vorjahres festgesetzten Kredite aufnehmen. Die Gemeinde hat dem Antrag auf Genehmigung eine nach Dringlichkeit geordnete Aufstellung der vorgesehenen unaufschiebbaren Investitionen beizufügen. Die Genehmigung soll unter dem Gesichtspunkt einer geordneten Haushaltswirtschaft erteilt oder versagt werden; sie kann unter Bedingungen und mit Auflagen erteilt werden. Sie ist in der Regel zu versagen, wenn die Kreditverpflichtungen mit der dauernden Leistungsfähigkeit der Gemeinde nicht in Einklang stehen.

(3) Ist im Fall des § 76 Abs. 1 die Haushaltssatzung bei Beginn des Haushaltsjahres noch nicht bekannt gemacht, gelten ergänzend zu den Regelungen der Absätze 1 und 2 die nachfolgenden Bestimmungen vom Beginn des Haushaltsjahres – bei späterer Beschlussfassung über die Haushaltssatzung vom Zeitpunkt der Beschlussfassung – bis zur Genehmigung des Haushaltssicherungskonzeptes:

1. Die Gemeinde hat weitergehende haushaltswirtschaftliche Beschränkungen für die Besetzung von Stellen, andere personalwirtschaftliche Maßnahmen und das höchstzulässige Aufwandsvolumen des Ergebnishaushalts sowie die Regelungen zur Nachweisführung gegenüber der Aufsichtsbehörde zu beach-

ten, die durch Rechtsverordnung des für Kommunales zuständigen Ministeriums im Einvernehmen mit dem für Finanzen zuständigen Ministerium festgelegt werden.

2. Der in Absatz 2 festgelegte Kreditrahmen kann mit Genehmigung der Aufsichtsbehörde überschritten werden, wenn das Verbot der Kreditaufnahme anderenfalls zu einem nicht auflösbaren Konflikt zwischen verschiedenen gleichrangigen Rechtspflichten der Gemeinde führen würde. Die Genehmigung kann unter Bedingungen und mit Auflagen erteilt werden.

(4) Die Bestimmungen des Absatzes 3 gelten ab dem 1. April des Haushaltsjahres bis zur Beschlussfassung über einen ausgeglichenen Haushalt oder bis zur Erteilung der Genehmigung für ein Haushaltssicherungskonzept auch dann, wenn bis zu dem Termin kein ausgeglichener Haushalt beschlossen worden ist.

§ 83
Überplanmäßige und außerplanmäßige
Aufwendungen und Auszahlungen

(1) Überplanmäßige und außerplanmäßige Aufwendungen und Auszahlungen sind nur zulässig, wenn sie unabweisbar sind. Die Deckung soll jeweils im laufenden Haushaltjahr gewährleistet sein. Über die Leistung dieser Aufwendungen und Auszahlungen entscheidet der Kämmerer, soweit der Rat keine andere Regelung trifft. Der Kämmerer kann mit Zustimmung des Bürgermeisters und des Rates die Entscheidungsbefugnis auf andere Bedienstete übertragen.

(2) Sind die überplanmäßigen und außerplanmäßigen Aufwendungen und Auszahlungen erheblich, bedürfen sie der vorherigen Zustimmung des Rates; im Übrigen sind sie dem Rat zur Kenntnis zu bringen. § 81 Abs. 2 bleibt unberührt.

(3) Für Investitionen, die im folgenden Jahr fortgesetzt werden, sind überplanmäßige Auszahlungen auch dann zulässig, wenn ihre Deckung erst im folgenden Jahr gewährleistet ist. Absatz 1 Sätze 3 und 4 und Absatz 2 gelten sinngemäß.

(4) Die Absätze 1 bis 3 finden entsprechende Anwendung auf Maßnahmen, durch die später über- oder außerplanmäßige Aufwendungen und Auszahlungen entstehen können.

§ 84
Mittelfristige Ergebnis- und Finanzplanung

Die Gemeinde hat ihrer Haushaltswirtschaft eine fünfjährige Ergebnis- und Finanzplanung zu Grunde zu legen und in den Haushaltsplan einzubeziehen. Das erste Planungsjahr ist das laufende Haushaltsjahr. Die Ergebnis- und Finanzplanung für die dem Haushaltsjahr folgenden drei Planungsjahre soll in den einzelnen Jahren ausgeglichen sein. Sie ist mit der Haushaltssatzung der Entwicklung anzupassen und fortzuführen.

§ 85
Verpflichtungsermächtigungen

(1) Verpflichtungen zur Leistung von Auszahlungen für Investitionen in künftigen Jahren dürfen grundsätzlich nur eingegangen werden, wenn der Haushaltsplan hierzu ermächtigt. Sie dürfen ausnahmsweise auch überplanmäßig oder außerplanmäßig eingegangen werden, wenn sie unabweisbar sind und der in der Haushaltssatzung festgesetzte Gesamtbetrag der Verpflichtungsermächtigungen nicht überschritten wird. § 83 Abs. 1 Sätze 3 und 4 gelten sinngemäß.

(2) Die Verpflichtungsermächtigungen gelten bis zum Ende des auf das Haushaltsjahr folgenden Jahres und, wenn die Haushaltssatzung für das übernächste Jahr nicht rechtzeitig öffentlich bekannt gemacht wird, bis zum Erlass dieser Haushaltssatzung.

§ 86
Kredite

(1) Kredite dürfen nur für Investitionen unter der Voraussetzung des § 77 Absatz 4 und zur Umschuldung aufgenommen werden.

Die daraus übernommenen Verpflichtungen müssen mit der dauernden Leistungsfähigkeit der Gemeinde in Einklang stehen. Die Kreditaufnahme erfolgt grundsätzlich in Euro. In anderen Währungen ist die Kreditaufnahme nur in Verbindung mit einem Währungssicherungsgeschäft zulässig.

(2) Die Kreditermächtigung gilt bis zum Ende des auf das Haushaltsjahr folgenden Jahres und, wenn die Haushaltssatzung für das übernächste Jahr nicht rechtzeitig öffentlich bekannt gemacht wird, bis zum Erlass dieser Haushaltssatzung.

(3) Die Aufnahme einzelner Kredite bedarf der Genehmigung der Aufsichtsbehörde, sobald die Kreditaufnahme nach § 19 des Gesetzes zur Förderung der Stabilität und des Wachstums der Wirtschaft beschränkt worden ist. Die Einzelgenehmigung kann nach Maßgabe der Kreditbeschränkungen versagt werden.

(4) Entscheidungen der Gemeinde über die Begründung einer Zahlungsverpflichtung, die wirtschaftlich einer Kreditverpflichtung gleichkommt, sind der Aufsichtsbehörde unverzüglich, spätestens einen Monat vor der rechtsverbindlichen Eingehung der Verpflichtung, anzuzeigen. Absatz 1 Satz 2 gilt sinngemäß. Eine Anzeige ist nicht erforderlich für die Begründung von Zahlungsverpflichtungen im Rahmen der laufenden Verwaltung.

(5) Die Gemeinde darf zur Sicherung des Kredits keine Sicherheiten bestellen. Die Aufsichtsbehörde kann Ausnahmen zulassen, wenn die Bestellung von Sicherheiten der Verkehrsübung entspricht.

§ 87

Sicherheiten und Gewährleistung für Dritte

(1) Die Gemeinde darf keine Sicherheiten zugunsten Dritter bestellen. Die Aufsichtsbehörde kann Ausnahmen zulassen. Für die Bestellung von Sicherheiten zur Finanzierung des Erwerbs von Grundstücken der Gemeinde durch Dritte finden die Sätze 1 und 2 keine Anwendung.

(2) Die Gemeinde darf Bürgschaften und Verpflichtungen aus Gewährverträgen nur im Rahmen der Erfüllung ihrer Aufgaben übernehmen. Die Entscheidung der Gemeinde zur Übernahme ist der Aufsichtsbehörde unverzüglich, spätestens einen Monat vor der rechtsverbindlichen Übernahme, anzuzeigen.

(3) Absatz 2 gilt sinngemäß für Rechtsgeschäfte, die den in Absatz 2 genannten Rechtsgeschäften wirtschaftlich gleichkommen, insbesondere für die Zustimmung zu Rechtsgeschäften Dritter, aus denen der Gemeinde in künftigen Haushaltsjahren Verpflichtungen zu Leistungen erwachsen können.

§ 88
Rückstellungen

(1) Rückstellungen sind für ungewisse Verbindlichkeiten, für drohende Verluste aus schwebenden Geschäften und für hinsichtlich ihrer Höhe oder des Zeitpunktes ihres Eintritts unbestimmte Aufwendungen in angemessener Höhe zu bilden.

(2) Rückstellungen dürfen nur aufgelöst werden, soweit der Grund hierfür entfallen ist.

§ 89
Liquidität

(1) Die Gemeinde hat ihre Zahlungsfähigkeit durch eine angemessene Liquiditätsplanung sicherzustellen.

(2) Zur rechtzeitigen Leistung ihrer Auszahlungen kann die Gemeinde Kredite zur Liquiditätssicherung bis zu dem in der Haushaltssatzung festgesetzten Höchstbetrag aufnehmen, soweit dafür keine anderen Mittel zur Verfügung stehen. Diese Ermächtigung gilt über das Haushaltsjahr hinaus bis zum Erlass der neuen Haushaltssatzung.

§ 90

Vermögensgegenstände

(1) Die Gemeinde soll Vermögensgegenstände nur erwerben, soweit dies zur Erfüllung ihrer Aufgaben erforderlich ist oder wird.

(2) Die Vermögensgegenstände sind pfleglich und wirtschaftlich zu verwalten. Bei Geldanlagen ist auf eine ausreichende Sicherheit zu achten; sie sollen einen angemessenen Ertrag erbringen.

(3) Die Gemeinde darf Vermögensgegenstände, die sie zur Erfüllung ihrer Aufgaben in absehbarer Zeit nicht braucht, veräußern. Vermögensgegenstände dürfen in der Regel nur zu ihrem vollen Wert veräußert werden. Ausnahmen sind im besonderen öffentlichen Interesse zulässig. Dies gilt insbesondere für Veräußerungen zur Förderung von sozialen Einrichtungen, des sozialen Wohnungsbaus, des Denkmalschutzes und der Bildung privaten Eigentums unter sozialen Gesichtspunkten. Vor dem Unterwertverkauf eines Grundstücks an Unternehmen ist die Vereinbarkeit der Vergünstigung mit dem Binnenmarkt sicherzustellen.

(4) Für die Überlassung der Nutzung eines Vermögensgegenstandes gilt Absatz 3 sinngemäß.

(5) Für die Verwaltung und Bewirtschaftung von Gemeindewaldungen gelten die Vorschriften dieses Gesetzes und des Landesforstgesetzes.

§ 91

Inventar, Inventur und allgemeine Bewertungsgrundsätze

(1) Die Gemeinde hat zum Schluss eines jeden Haushaltsjahres ihre Grundstücke und grundstücksgleichen Rechte, ihre Forderungen und Schulden, den Betrag des baren Geldes sowie ihre sonstigen Vermögensgegenstände genau zu verzeichnen und dabei den Wert der einzelnen Vermögensgegenstände und Schulden anzugeben (Inventar).

(2) Körperliche Vermögensgegenstände sind durch eine körperliche Bestandsaufnahme zu erfassen, soweit durch Gesetz oder Rechtsverordnung nichts anderes bestimmt ist.

(3) Das Inventar ist innerhalb der einem ordnungsgemäßen Geschäftsgang entsprechenden Zeit aufzustellen.

(4) Die Bewertung des in der Bilanz auszuweisenden Vermögens, der Sonderposten, der Rückstellungen, der Verbindlichkeiten und der Rechnungsabgrenzungsposten richtet sich nach den Grundsätzen ordnungsmäßiger Buchführung. Dabei gilt insbesondere:

1. Die Wertansätze in der Eröffnungsbilanz des Haushaltsjahres müssen mit denen der Schlussbilanz des vorhergehenden Haushaltsjahres übereinstimmen;

2. die Vermögensgegenstände, Sonderposten, Rückstellungen, Verbindlichkeiten und Rechnungsabgrenzungsposten sind zum Abschlussstichtag einzeln zu bewerten;

3. es ist wirklichkeitsgetreu zu bewerten; vorhersehbare Risiken und Verluste, die bis zum Abschlussstichtag entstanden sind, sind zu berücksichtigen, selbst wenn diese erst zwischen dem Abschlussstichtag und dem Tag der Aufstellung des Jahresabschlusses bekannt geworden sind; Gewinne sind nur zu berücksichtigen, sofern sie am Abschlussstichtag realisiert sind;

4. Aufwendungen und Erträge des Haushaltsjahres sind unabhängig von den Zeitpunkten der entsprechenden Zahlungen im Jahresabschluss zu berücksichtigen und

5. die auf den vorhergehenden Jahresabschluss angewandten Bewertungsmethoden sollen beibehalten werden.

(5) Von den Grundsätzen des Absatzes 4 darf nur in begründeten Ausnahmefällen abgewichen werden.

§ 92

Eröffnungsbilanz

(1) Die Gemeinde hat zu Beginn des Haushaltsjahres, in dem sie erstmals ihre Geschäftsvorfälle nach dem System der doppelten

Buchführung erfasst, eine Eröffnungsbilanz aufzustellen. Auf die Eröffnungsbilanz sind die für den Jahresabschluss geltenden Vorschriften mit Ausnahme des § 95 Absatz 2 Satz 1 Nummern 1 bis 3 entsprechend anzuwenden. Die Vorschriften der § 95 Absatz 3 und § 96 sind entsprechend anzuwenden.

(2) Die Ermittlung der Wertansätze für die Eröffnungsbilanz ist auf der Grundlage von vorsichtig geschätzten Zeitwerten vorzunehmen. Die in der Eröffnungsbilanz angesetzten Werte für die Vermögensgegenstände gelten für die künftigen Haushaltsjahre als Anschaffungs- oder Herstellungskosten, soweit nicht Wertberichtigungen nach Absatz 5 vorgenommen werden.

(3) Die Eröffnungsbilanz einschließlich des Anhangs mit allen Anlagen unterliegt der örtlichen Prüfung nach §§ 101 bis 104, § 59 Absatz 3 gilt entsprechend.

(4) Die Eröffnungsbilanz einschließlich des Anhangs mit allen Anlagen unterliegt der überörtlichen Prüfung nach § 105.

(5) Ergibt sich bei der Aufstellung späterer Jahresabschlüsse, dass in der Eröffnungsbilanz Vermögensgegenstände oder Sonderposten oder Schulden fehlerhaft angesetzt worden sind, so ist der Wertansatz zu berichtigen oder nachzuholen. Die Eröffnungsbilanz gilt dann als geändert. Eine Berichtigung kann letztmals im vierten der Eröffnungsbilanz folgenden Jahresabschluss vorgenommen werden. Vorherige Jahresabschlüsse sind nicht zu berichtigen.

§ 93
Finanzbuchhaltung

(1) Die Finanzbuchhaltung hat die Buchführung und die Zahlungsabwicklung der Gemeinde zu erledigen. Die Buchführung muss unter Beachtung der Grundsätze ordnungsmäßiger Buchführung so beschaffen sein, dass innerhalb einer angemessenen Zeit ein Überblick über die wirtschaftliche Lage der Gemeinde gegeben werden kann. Die Zahlungsabwicklung ist ordnungsgemäß und sicher zu erledigen.

(2) Die Gemeinde hat, wenn sie ihre Finanzbuchhaltung nicht nach § 94 durch eine Stelle außerhalb der Gemeindeverwaltung besorgen lässt, dafür einen Verantwortlichen und einen Stellvertreter zu bestellen.

(3) Soweit die ordnungsgemäße Erledigung und die Prüfung gewährleistet sind, kann die Finanzbuchhaltung für funktional begrenzte Aufgabenbereiche auch durch mehrere Stellen der Verwaltung erfolgen. Absatz 2 bleibt unberührt.

(4) Die mit der Prüfung und Feststellung des Zahlungsanspruches und der Zahlungsverpflichtung beauftragten Bediensteten dürfen nicht die Zahlungen der Gemeinde abwickeln. Das Gleiche gilt für die mit der Rechnungsprüfung beauftragten Bediensteten.

(5) Der Verantwortliche für die Zahlungsabwicklung und sein Stellvertreter dürfen nicht Angehörige des Bürgermeisters, des Kämmerers, der Leitung und der Prüfer der örtlichen Rechnungsprüfung sowie mit der Prüfung beauftragter Dritter sein.

(6) Die Geschäftsvorfälle der Sondervermögen und der Treuhandvermögen sind gesondert abzuwickeln, wenn für diese gesonderte Jahresabschlüsse aufgestellt werden.

§ 94
Übertragung der Finanzbuchhaltung

(1) Soweit die Gemeinde die Erfüllung ihrer Verpflichtungen im Rahmen der Finanzbuchhaltung nach § 93 nicht selbst besorgt, hat sie diese auf eine andere juristische Person des öffentlichen Rechts zu übertragen. Die ordnungsgemäße Erledigung und die Prüfung nach den für die Gemeinde geltenden Vorschriften ist zu gewährleisten. Der Beschluss über die Besorgung ist der Aufsichtsbehörde anzuzeigen.

(2) Für die automatisierte Ausführung der Geschäfte der kommunalen Haushaltswirtschaft dürfen nur Fachprogramme verwendet werden, die von der Gemeindeprüfungsanstalt Nordrhein-Westfalen zugelassen sind. Gleiches gilt für die Verwendung dieser Fachprogramme nach wesentlichen Programmänderungen.

Die Gültigkeit der Zulassung soll befristet werden. Bei Programmen, die für mehrere Gemeinden Anwendung finden sollen, genügt eine Zulassung. Die technischen Standards, die erforderlich sind, um die gesetzlichen Voraussetzungen für die Programmzulassung zu erfüllen, werden von der Gemeindeprüfungsanstalt Nordrhein-Westfalen im Benehmen mit dem für Kommunales zuständigen Ministerium im Rahmen einer Verwaltungsvorschrift als Prüfhandbuch niedergelegt.

§ 95
Jahresabschluss

(1) Die Gemeinde hat zum Schluss eines jeden Haushaltsjahres einen Jahresabschluss aufzustellen. Der Jahresabschluss muss klar und übersichtlich sein. Der Jahresabschluss hat sämtliche Vermögensgegenstände, Schulden, Rechnungsabgrenzungsposten, Erträge, Aufwendungen, Einzahlungen und Auszahlungen zu enthalten, soweit nichts anderes bestimmt ist. Er hat unter Beachtung der Grundsätze ordnungsmäßiger Buchführung ein den tatsächlichen Verhältnissen entsprechendes Bild der Vermögens-, Finanz- und Ertragslage der Gemeinde zu vermitteln.

(2) Der Jahresabschluss besteht aus

1. der Ergebnisrechnung,

2. der Finanzrechnung,

3. den Teilrechnungen und

4. der Bilanz.

Der Jahresabschluss ist um einen Anhang zu erweitern, der mit den Bestandteilen des Jahresabschlusses nach Satz 1 eine Einheit bildet. Darüber hinaus hat die Gemeinde einen Lagebericht aufzustellen.

(3) Am Schluss des Anhangs sind für die Mitglieder des Verwaltungsvorstands nach § 70, soweit dieser nicht zu bilden ist für den Bürgermeister und den Kämmerer, sowie für die Ratsmitglieder,

auch wenn die Personen im Haushaltsjahr ausgeschieden sind, anzugeben,

1. Familienname mit mindestens einem ausgeschriebenen Vornamen,

2. der ausgeübte Beruf,

3. die Mitgliedschaft in Aufsichtsräten und anderen Kontrollgremien im Sinne des § 125 Absatz 1 Satz 5 des Aktiengesetzes vom 6. September 1965 (BGBl. I S. 1089), das zuletzt durch Artikel 9 des Gesetzes vom 17. Juli 2017 (BGBl. I S. 2446) geändert worden ist,

4. die Mitgliedschaft in Organen von verselbstständigten Aufgabenbereichen der Gemeinde in öffentlich-rechtlicher oder privatrechtlicher Form,

5. die Mitgliedschaft in Organen sonstiger privatrechtlicher Unternehmen.

§ 43 Abs. 2 Nrn. 5 und 6 gelten entsprechend.

(4) Dem Anhang sind als Anlagen beizufügen

1. ein Anlagenspiegel,

2. ein Forderungsspiegel,

3. ein Eigenkapitalspiegel,

4. ein Verbindlichkeitenspiegel und

5. eine Übersicht über die in das folgende Jahr übertragenen Haushaltsermächtigungen.

(5) Der Entwurf des Jahresabschlusses und des Lageberichtes wird vom Kämmerer aufgestellt und dem Bürgermeister zur Bestätigung vorgelegt. Der Bürgermeister leitet den von ihm bestätigten Entwurf innerhalb von drei Monaten nach Ablauf des Haushaltsjahres dem Rat zur Feststellung zu. Soweit er von dem ihm vorgelegten Entwurf abweicht, kann der Kämmerer dazu eine Stellungnahme abgeben. Wird von diesem Recht Gebrauch

gemacht, hat der Bürgermeister die Stellungnahme mit dem Entwurf dem Rat vorzulegen.

§ 96
Feststellung des Jahresabschlusses und Entlastung

(1) Der Rat stellt bis spätestens 31. Dezember des auf das Haushaltsjahr folgenden Jahres den vom Rechnungsprüfungsausschuss geprüften Jahresabschluss durch Beschluss fest. Zugleich beschließt er über die Verwendung des Jahresüberschusses oder die Behandlung des Jahresfehlbetrages. Soweit in den Jahresabschlüssen der letzten drei vorhergehenden Haushaltjahre aufgrund entstandener Fehlbeträge der Ergebnisrechnung die allgemeine Rücklage reduziert wurde, ist ein Jahresüberschuss insoweit zunächst der allgemeinen Rücklage zuzuführen. In der Beratung des Rates über den Jahresabschluss kann der Kämmerer seine abweichende Auffassung vertreten. Die Ratsmitglieder entscheiden über die Entlastung des Bürgermeisters. Verweigern sie die Entlastung oder sprechen sie diese mit Einschränkungen aus, so haben sie dafür die Gründe anzugeben. Wird die Feststellung des Jahresabschlusses vom Rat verweigert, so sind die Gründe dafür gegenüber dem Bürgermeister anzugeben.

(2) Der vom Rat festgestellte Jahresabschluss ist der Aufsichtsbehörde unverzüglich anzuzeigen. Der Jahresabschluss ist öffentlich bekannt zu machen und danach bis zur Feststellung des folgenden Jahresabschlusses zur Einsichtnahme verfügbar zu halten.

§ 96a
Abweichungsbefugnis in besonderen Ausnahmefällen

Das für Kommunales zuständige Ministerium wird ermächtigt, in Ausnahmefällen wie Katastrophen, einer epidemischen Lage von landesweiter Tragweite oder eines außergewöhnlichen Notstandes nach Artikel 115 des Grundgesetzes durch Rechtsverordnung, die mit Zustimmung des Landtags erlassen wird, Abweichendes zum Achten Teil dieses Gesetzes zu regeln.

9. Teil

Sondervermögen, Treuhandvermögen

§ 97

Sondervermögen

(1) Sondervermögen der Gemeinde sind

1. das Gemeindegliedervermögen,

2. das Vermögen der rechtlich unselbstständigen örtlichen Stiftungen,

3. wirtschaftliche Unternehmen (§ 114) und organisatorisch verselbstständigte Einrichtungen (§ 107 Abs. 2) ohne eigene Rechtspersönlichkeit,

4. rechtlich unselbstständige Versorgungs- und Versicherungseinrichtungen.

(2) Sondervermögen nach Absatz 1 Nrn. 1 und 2 unterliegen den Vorschriften über die Haushaltswirtschaft. Sie sind im Haushaltsplan und im Jahresabschluss der Gemeinde gesondert nachzuweisen.

(3) Für Sondervermögen nach Absatz 1 Nr. 3 sind die Vorschriften des § 75 Abs. 1, Abs. 2 Sätze 1 und 2, Abs. 6 und 7, der §§ 84 bis 90, des § 92 Abs. 3 und 7 und der §§ 93, 94 und 96 sinngemäß anzuwenden.

(4) Für Sondervermögen nach Absatz 1 Nr. 4 können die für die Wirtschaftsführung und das Rechnungswesen der Eigenbetriebe geltenden Vorschriften sinngemäß angewendet werden. Absatz 3 gilt sinngemäß.

§ 98

Treuhandvermögen

(1) Für rechtlich selbständige örtliche Stiftungen sowie Vermögen, die die Gemeinde nach besonderem Recht treuhänderisch zu verwalten hat, sind besondere Haushaltspläne aufzustellen und

Sonderrechnungen zu führen. Die Vorschriften des § 75 Abs. 1, Abs. 2 Sätze 1 und 2, Abs. 6 und 7, der §§ 78 bis 80, 82 bis 87, 89, 90, 93 und 94 sowie § 96 Abs. 1 sind sinngemäß anzuwenden, soweit nicht Vorschriften des Stiftungsgesetzes entgegen stehen. Die §§ 78 und 80 sind mit der Maßgabe sinngemäß anzuwenden, dass an die Stelle der Haushaltssatzung der Beschluss über den Haushaltsplan tritt und von der öffentlichen Bekanntgabe und dem Verfügbarhalten zur Einsichtnahme nach § 80 Abs. 3 und 6 abgesehen werden kann.

(2) Unbedeutendes Treuhandvermögen kann im Haushalt der Gemeinde gesondert nachgewiesen werden.

(3) Mündelvermögen sind abweichend von den Absätzen 1 und 2 nur im Jahresabschluss gesondert nachzuweisen.

(4) Besondere gesetzliche Vorschriften oder Bestimmungen des Stifters bleiben unberührt.

§ 99

Gemeindegliedervermögen

(1) Für die Nutzung des Gemeindevermögens, dessen Ertrag nach bisherigem Recht nicht der Gemeinde, sondern sonstigen Berechtigten zusteht (Gemeindegliedervermögen), bleiben die bisherigen Vorschriften und Gewohnheiten unberührt.

(2) Gemeindegliedervermögen darf nicht in Privatvermögen der Nutzungsberechtigten umgewandelt werden. Es kann in freies Gemeindevermögen umgewandelt werden, wenn die Umwandlung aus Gründen des Gemeinwohls geboten ist. Den bisher Berechtigten ist ein Einkaufsgeld zurückzuzahlen, durch welches sie das Recht zur Teilnahme an der Nutzung des Gemeindegliedervermögens erworben haben. Soweit nach den bisher geltenden rechtlichen Vorschriften Nutzungsrechte am Gemeindegliedervermögen den Berechtigten gegen ihren Willen nicht entzogen oder geschmälert werden dürfen, muß von der Gemeinde bei der Umwandlung eine angemessene Entschädigung gezahlt werden. Handelt es sich um Nutzungsrechte an landwirtschaftlich genutzten Grundstücken, so kann die Entschädi-

gung auch durch Hergabe eines Teils derjenigen Grundstücke gewährt werden, an denen die Nutzungsrechte bestehen.

(3) Gemeindevermögen darf nicht in Gemeindegliedervermögen umgewandelt werden.

§ 100
Örtliche Stiftungen

(1) Örtliche Stiftungen sind die Stiftungen des privaten Rechts, die nach dem Willen des Stifters von einer Gemeinde verwaltet werden und die überwiegend örtlichen Zwecken dienen. Die Gemeinde hat die örtlichen Stiftungen nach den Vorschriften dieses Gesetzes zu verwalten, soweit nicht durch Gesetz oder Stifter anderes bestimmt ist. Das Stiftungsvermögen ist von dem übrigen Gemeindevermögen getrennt zu halten und so anzulegen, daß es für seinen Verwendungszweck greifbar ist.

(2) Die Umwandlung des Stiftungszwecks, die Zusammenlegung und die Aufhebung von rechtlich unselbständigen Stiftungen stehen der Gemeinde zu; sie bedürfen der Genehmigung der Aufsichtsbehörde.

(3) Gemeindevermögen darf nur im Rahmen der Aufgabenerfüllung der Gemeinde und nur dann in Stiftungsvermögen eingebracht werden, wenn der mit der Stiftung verfolgte Zweck auf andere Weise nicht erreicht werden kann.

10. Teil
Rechnungsprüfung

§ 101
Örtliche Rechnungsprüfung

(1) Kreisfreie Städte, Große und Mittlere kreisangehörige Städte haben eine örtliche Rechnungsprüfung einzurichten. Große und Mittlere kreisangehörige Städte können sich durch eine öffent-

lich-rechtliche Vereinbarung zur Erfüllung dieser Pflicht einer anderen örtlichen Rechnungsprüfung bedienen. Gemeinden ohne örtliche Rechnungsprüfung können einen geeigneten Bediensteten als Rechnungsprüferin oder als Rechnungsprüfer bestellen oder sich eines anderen kommunalen Rechnungsprüfers oder eines Wirtschaftsprüfers oder einer Wirtschaftsprüfungsgesellschaft bedienen. Die Vorschriften des Gesetzes über kommunale Gemeinschaftsarbeit gelten entsprechend. Für den Rechnungsprüfer gelten Absätze 2, 5 und 6 sowie §§ 102 bis 104, für den Wirtschaftsprüfer und die Wirtschaftsprüfungsgesellschaft Absätze 2 und 6 sowie §§ 102 bis 104 mit Ausnahme von § 104 Absatz 2 Satz 1 entsprechend.

(2) Die örtliche Rechnungsprüfung ist bei der Erfüllung der ihr zugewiesenen Prüfungsaufgaben unabhängig und an Weisungen nicht gebunden. Im Übrigen ist die örtliche Rechnungsprüfung dem Rat unmittelbar verantwortlich und in ihrer sachlichen Tätigkeit ihm unmittelbar unterstellt.

(3) Die Leiterin oder der Leiter der örtlichen Rechnungsprüfung muss hauptamtlich bei der Gemeinde bedienstet sein. Sie oder er muss die für das Amt erforderliche Vorbildung, Erfahrung und Eignung besitzen.

(4) Der Rat bestellt die Leitung der örtlichen Rechnungsprüfung sowie die Prüfer und beruft sie ab. Die Leitung und die Prüfer können nicht Mitglieder des Rates sein und dürfen eine andere Stellung in der Gemeinde nur innehaben, wenn dies mit ihren Prüfungsaufgaben vereinbar ist.

(5) Die Leitung der örtlichen Rechnungsprüfung kann nur durch Beschluss des Gemeinderats und nur dann abberufen werden, wenn die ordnungsgemäße Erfüllung der Aufgaben nicht mehr gewährleistet ist. Der Beschluss muss mit einer Mehrheit von zwei Dritteln der Stimmen aller Mitglieder des Gemeinderates gefasst werden und ist der Aufsichtsbehörde anzuzeigen.

(6) Die Leitung und die Prüfer der örtlichen Rechnungsprüfung dürfen zum Bürgermeister, zu einem Beigeordneten, einem Stell-

vertreter des Bürgermeisters, zum Kämmerer und zu anderen Bediensteten der Finanzbuchhaltung nicht in einem die Befangenheit begründenden Verhältnis nach § 31 Absatz 1 und 2 stehen. Sofern von der Möglichkeit des § 102 Absatz 2 und 10, des § 103 Absatz 2 Satz 2 oder des § 103 Absatz 5 Gebrauch gemacht wird, erstreckt sich Satz 1 auch auf die jeweiligen Leitungen sowie auf die Bediensteten der Finanzbuchhaltung der dort genannten Sondervermögen, Eigenbetriebe oder Einrichtungen. Sie dürfen eine andere Stellung in der Gemeinde nur innehaben, wenn dies mit der Unabhängigkeit und den Aufgaben der Rechnungsprüfung vereinbar ist. Sie dürfen Zahlungen für die Gemeinde weder anordnen noch ausführen.

§ 102
Örtliche Prüfung des Jahresabschlusses und des Gesamtabschlusses

(1) Der Jahresabschluss und der Lagebericht sind, vor Feststellung durch den Rat, durch die örtliche Rechnungsprüfung zu prüfen (Jahresabschlussprüfung). Hat keine Prüfung stattgefunden, so kann der Jahresabschluss nicht festgestellt werden. Wird der Jahresabschluss oder der Lagebericht nach Vorlage des Prüfberichtes geändert, so sind diese Unterlagen erneut zu prüfen, soweit es die Änderung erfordert. Über das Ergebnis der Prüfung ist zu berichten, der Bestätigungsvermerk ist entsprechend zu ergänzen.

(2) Die Gemeinde kann mit der Durchführung der Jahresabschlussprüfung einen Wirtschaftsprüfer, eine Wirtschaftsprüfungsgesellschaft oder die Gemeindeprüfungsanstalt nach vorheriger Beschlussfassung durch den Rechnungsprüfungsausschuss beauftragen. Gemeinden ohne eigene Rechnungsprüfung können sich zudem für die Durchführung der Jahresabschlussprüfung einer anderen örtlichen Rechnungsprüfung bedienen.

(3) In die Prüfung des Jahresabschlusses ist die Buchführung einzubeziehen. Die Prüfung des Jahresabschlusses hat sich darauf zu erstrecken, ob die gesetzlichen Vorschriften und sie ergänzenden

ortsrechtlichen Bestimmungen oder sonstigen Satzungen beachtet worden sind. Die Prüfung ist so anzulegen, dass Unrichtigkeiten und Verstöße gegen die in Satz 2 aufgeführten Bestimmungen, die sich auf die Darstellung des sich nach § 95 Absatz 1 Satz 4 ergebenden Bildes der Vermögens-, Finanz- und Ertragslage der Gemeinde wesentlich auswirken, bei gewissenhafter Berufsausübung erkannt werden.

(4) In die Prüfung des Jahresabschlusses sind die Entscheidungen und Verwaltungsvorgänge aus delegierten Aufgaben auch dann einzubeziehen, wenn die Zahlungsvorgänge selbst durch den Träger der Aufgabe vorgenommen werden und insgesamt finanziell von erheblicher Bedeutung sind.

(5) Der Lagebericht ist darauf zu prüfen, ob er mit dem Jahresabschluss sowie mit den bei der Prüfung gewonnenen Erkenntnissen in Einklang steht und ob er insgesamt ein zutreffendes Bild von der Lage der Gemeinde vermittelt. Dabei ist auch zu prüfen, ob die Chancen und Risiken der künftigen Entwicklung zutreffend dargestellt sind. Die Prüfung des Lageberichts hat sich auch darauf zu erstrecken, ob die gesetzlichen Vorschriften zu seiner Aufstellung beachtet worden sind.

(6) Die Bürgermeisterin oder der Bürgermeister haben dafür Sorge zu tragen, dass den mit der Jahresabschlussprüfung Beauftragten die Entwürfe des Jahresabschlusses und des Lageberichtes unverzüglich nach der Bestätigung vorgelegt werden. Sie haben den Beauftragten zu gestatten, die Bücher und Schriften der Gemeinde sowie die Vermögensgegenstände und Schulden zu prüfen.

(7) Die mit der Jahresabschlussprüfung Beauftragten können von der Bürgermeisterin oder dem Bürgermeister alle Aufklärungen und Nachweise verlangen, die für eine sorgfältige Prüfung notwendig sind. Soweit es die Vorbereitung der Jahresabschlussprüfung erfordert, haben die mit der Jahresabschlussprüfung Beauftragten die Rechte auch schon vor Aufstellung des Jahresabschlusses. Soweit es für eine sorgfältige Prüfung erforderlich ist, haben die mit der Jahresabschlussprüfung Beauftragten die Rechte auch gegenüber Mutter- und Tochterunternehmen.

(8) Die mit der Jahresabschlussprüfung Beauftragten haben über Art und Umfang sowie über das Ergebnis der Prüfung zu berichten. §§ 321 und 322 des Handelsgesetzbuches in der im Bundesgesetzblatt Teil III, Gliederungsnummer 4100-1, veröffentlichten bereinigten Fassung, das zuletzt durch Artikel 11 Absatz 28 des Gesetzes vom 18. Juli 2017 (BGBl. I S. 2745) geändert worden ist, gelten entsprechend.

(9) Die mit der Jahresabschlussprüfung Beauftragten dürfen an der Führung der Bücher und an der Aufstellung des Jahresabschlusses und des Lageberichtes nicht mitgewirkt haben.

(10) Für die Prüfung der Jahresabschlüsse der in § 97 Absatz 1 Nummer 1, 2 und 4 benannten Sondervermögen finden die Absätze 1 bis 9 entsprechende Anwendung, § 101 Absatz 6 ist zu beachten.

(11) Sofern ein Gesamtabschluss und ein Gesamtlagebericht aufgestellt werden, finden die Absätze 1 bis 9 entsprechende Anwendung.

§ 103
Örtliche Prüfung der Eigenbetriebe

(1) Zur Vorbereitung der Beschlussfassung des Rates über den Jahresabschluss und den Lagebericht ist der Jahresabschluss und der Lagebericht zu prüfen (Jahresabschlussprüfung).

(2) Die Betriebsleitung kann mit der Durchführung der Jahresabschlussprüfung einen Wirtschaftsprüfer, eine Wirtschaftsprüfungsgesellschaft oder die Gemeindeprüfungsanstalt nach vorheriger Beschlussfassung durch den Betriebsausschuss beauftragen. Wird die Buchführung des Eigenbetriebs nach den für Gemeinden geltenden Vorschriften geführt, so kann abweichend dazu auch die örtliche Rechnungsprüfung mit der Prüfung nach Absatz 1 beauftragt werden.

(3) Für die Prüfung nach Absatz 1 gilt § 102 entsprechend. Im Rahmen der Jahresabschlussprüfung ist in entsprechender An-

wendung des § 53 Absatz 1 Nummer 1 und 2 des Haushaltsgrundsätzegesetzes vom 19. August 1969 (BGBl. I S. 1273), das zuletzt durch Artikel 10 des Gesetzes vom 14. August 2017 (BGBl. I S. 3122) geändert worden ist, ferner die Ordnungsmäßigkeit der Geschäftsführung zu prüfen und über die wirtschaftlich bedeutsamen Sachverhalte zu berichten. Die Kosten der Jahresabschlussprüfung trägt der Betrieb.

(4) In dem Bericht über die Prüfung des Jahresabschlusses und des Lageberichtes ist ferner darauf einzugehen, ob das von der Gemeinde zur Verfügung gestellte Eigenkapital angemessen verzinst wird.

(5) Die Absätze 1 bis 4 gelten entsprechend für Einrichtungen, die gemäß § 107 Absatz 2 entsprechend den Vorschriften über das Rechnungswesen der Eigenbetriebe geführt werden, § 101 Absatz 6 ist zu beachten.

§ 104
Weitere Aufgaben der örtlichen Rechnungsprüfung

(1) Weitere Aufgaben der örtlichen Rechnungsprüfung sind:

1. die laufende Prüfung der Vorgänge in der Finanzbuchhaltung zur Vorbereitung der Prüfung des Jahresabschlusses,

2. die dauernde Überwachung der Zahlungsabwicklung der Gemeinde und ihrer Sondervermögen sowie die Vornahme der Prüfungen,

3. bei Durchführung der Finanzbuchhaltung mit Hilfe automatisierter Datenverarbeitung (DV-Buchführung) der Gemeinde und ihrer Sondervermögen die Prüfung der Programme vor ihrer Anwendung,

4. die Prüfung der Finanzvorfälle gemäß § 100 Absatz 4 der Landeshaushaltsordnung in der Fassung der Bekanntmachung vom 26. April 1999 (GV. NRW. S. 158) in der jeweils geltenden Fassung,

5. die Prüfung von Vergaben und

6. die Wirksamkeit interner Kontrollen im Rahmen des internen Kontrollsystems.

(2) Die örtliche Rechnungsprüfung kann ferner folgende Aufgaben wahrnehmen:

1. die Prüfung der Zweckmäßigkeit und der Wirtschaftlichkeit der Verwaltung,

2. die Prüfung der Wirtschaftsführung und des Rechnungswesens der Eigenbetriebe und anderer Einrichtungen der Gemeinde nach § 107 Absatz 2,

3. die Prüfung der Betätigung der Gemeinde als Gesellschafterin, Aktionärin oder Mitglied in Gesellschaften und anderen Vereinigungen des privaten Rechts oder in der Rechtsform der Anstalt des öffentlichen Rechts gemäß § 114a sowie die Buch- und Betriebsprüfung, die sich die Gemeinde bei einer Beteiligung, bei der Hingabe eines Darlehens oder sonst vorbehalten hat.

(3) Der Rat kann der örtlichen Rechnungsprüfung weitere Aufgaben übertragen.

(4) Der Bürgermeister kann innerhalb seines Amtsbereichs unter Mitteilung an den Rechnungsprüfungsausschuss der örtlichen Rechnungsprüfung Aufträge zur Prüfung erteilen.

(5) Der Prüfer kann für die Durchführung seiner Prüfung nach den Absätzen 1 bis 4 Aufklärung und Nachweise verlangen, die für eine sorgfältige Prüfung notwendig sind. Der Prüfer hat die Rechte nach Satz 1 auch gegenüber den Abschlussprüfern der verselbstständigten Aufgabenbereiche.

(6) Die örtliche Rechnungsprüfung kann sich mit Zustimmung des Rechnungsprüfungsausschusses Dritter als Prüfer bedienen.

(7) Ein Dritter darf nicht Prüfer sein,

1. wenn er Mitglied des Rates, Angehöriger des Bürgermeisters, des Kämmerers oder des Verantwortlichen für die Zahlungsabwicklung oder seines Stellvertreters ist,

2. wenn er Beschäftigter der verselbstständigten Aufgabenbereiche der Gemeinde ist, die in öffentlich-rechtlicher oder privatrechtlicher Form geführt werden, oder diesen in den letzten drei Jahren vor der Bestellung als Prüfer angehört hat,

3. wenn er in den letzten fünf Jahren mehr als 30 Prozent der Gesamteinnahmen aus seiner beruflichen Tätigkeit aus der Prüfung und Beratung der zu prüfenden Gemeinde und der verselbstständigten Aufgabenbereiche der Gemeinde, die in öffentlich-rechtlicher oder in privatrechtlicher Form geführt werden, bezogen hat und dies auch im laufenden Jahr zu erwarten ist; verselbstständigte Aufgabenbereiche der Gemeinde in privatrechtlicher Form müssen nur einbezogen werden, wenn die Gemeinde mehr als 20 Prozent der Anteile daran besitzt.

§ 102 Absatz 9 gilt entsprechend.

§ 105
Überörtliche Prüfung

(1) Die überörtliche Prüfung als Teil der allgemeinen Aufsicht des Landes über die Gemeinden ist Aufgabe der Gemeindeprüfungsanstalt.

(2) Die Gemeindeprüfungsanstalt ist bei der Durchführung ihrer Aufgaben unabhängig und an Weisungen nicht gebunden.

(3) Die überörtliche Prüfung erstreckt sich darauf, ob

1. bei der Haushaltswirtschaft der Gemeinden sowie ihrer Sondervermögen die Gesetze und die zur Erfüllung von Aufgaben ergangenen Weisungen (§ 3 Absatz 2) eingehalten worden sind und

2. die zweckgebundenen Staatszuweisungen bestimmungsgemäß verwendet worden sind.

Die überörtliche Prüfung stellt zudem fest, ob die Gemeinde sachgerecht und wirtschaftlich verwaltet wird. Dies kann auch auf vergleichender Grundlage geschehen. Bei der Prüfung sind vorhandene Ergebnisse der Prüfung des Jahresabschlusses und des Lageberichtes, des Gesamtabschlusses und des Gesamtlageberichtes, der Jahresabschlüsse der Eigenbetriebe, Sonder- und Treuhandvermögen sowie, wenn eine Befreiung für die Erstellung eines Gesamtabschlusses und eines Gesamtlageberichtes vorliegen, der Beteiligungsbericht und Ergebnisse der örtlichen Rechnungsprüfung aus der Aufgabenwahrnehmung nach § 103 zu berücksichtigen.

(4) Die überörtliche Prüfung soll in jeder Gemeinde alle fünf Jahre unter Einbeziehung sämtlicher vorliegender Jahresabschlüsse und Lageberichte, Gesamtabschlüsse und Gesamtlageberichte, Beteiligungsberichte sowie Jahresabschlüssen der Sondervermögen, Treuhandvermögen, Unternehmen und Beteiligungen stattfinden.

(5) Die Gemeindeprüfungsanstalt teilt das Prüfungsergebnis in Form eines Prüfungsberichts

1. der geprüften Gemeinde,

2. den Aufsichtsbehörden und

3. den Fachaufsichtsbehörden, soweit ihre Zuständigkeit berührt ist,

mit.

(6) Der Bürgermeister legt den Prüfungsbericht dem Rechnungsprüfungsausschuss zur Beratung vor. Die Bürgermeisterin oder der Bürgermeister hat zu den Feststellungen und Empfehlungen, die im Prüfungsbericht gegenständlich sind, Stellung zu nehmen. Der Rechnungsprüfungsausschuss unterrichtet den Rat über das Ergebnis seiner Beratungen.

(7) Der Rat beschließt über die gegenüber der Gemeindeprüfungsanstalt und der Aufsichtsbehörde abzugebende Stellungnahme in Bezug auf die im Prüfungsbericht enthaltenen Feststellungen und Empfehlungen in öffentlicher Sitzung innerhalb einer

dafür bestimmten Frist, das Ergebnis aus der Vorberatung im Rechnungsprüfungsausschuss kann einbezogen werden.

(8) Die Gemeindeprüfungsanstalt soll Gemeinden, Körperschaften, Anstalten, Stiftungen, Verbände und Einrichtungen des öffentlichen Rechts auf Antrag in Fragen

1. der Organisation und Wirtschaftlichkeit der Verwaltung,

2. der Rechnungslegung und der Rechnungsprüfung und

3. solchen, die mit der Ausschreibung, Vergabe und Abrechnung von baulichen Maßnahmen zusammenhängen,

beraten. Sonstige im öffentlichen Interesse tätige juristische Personen kann sie in diesen Fragen auf Antrag beraten.

(9) Werden Prüfungsaufgaben nach § 92 Absatz 3 oder nach § 102 Absatz 1, § 103 Absatz 1 durch die Gemeindeprüfungsanstalt bei den Gemeinden durchgeführt, dürfen die mit diesen Aufgaben befassten Prüfer nicht gleichzeitig in diesen Gemeinden die überörtliche Prüfung nach Absatz 3 oder Beratungstätigkeiten nach Absatz 8 wahrnehmen. Die Gemeindeprüfungsanstalt hat insofern ein geeignetes Rotationsverfahren zur Anwendung zu bringen.

§ 106

(weggefallen)

11. Teil

Wirtschaftliche Betätigung und nichtwirtschaftliche Betätigung

§ 107

Zulässigkeit wirtschaftlicher Betätigung

(1) Die Gemeinde darf sich zur Erfüllung ihrer Aufgaben wirtschaftlich betätigen, wenn

1. ein öffentlicher Zweck die Betätigung erfordert,

2. die Betätigung nach Art und Umfang in einem angemessenen Verhältnis zu der Leistungsfähigkeit der Gemeinde steht und

3. bei einem Tätigwerden außerhalb der Wasserversorgung, des öffentlichen Verkehrs sowie des Betriebes von Telekommunikationsleitungsnetzen einschließlich der Telekommunikationsdienstleistungen der öffentliche Zweck durch andere Unternehmen nicht besser und wirtschaftlicher erfüllt werden kann.

Das Betreiben eines Telekommunikationsnetzes umfasst nicht den Vertrieb und/oder die Installation von Endgeräten von Telekommunikationsanlagen. Als wirtschaftliche Betätigung ist der Betrieb von Unternehmen zu verstehen, die als Hersteller, Anbieter oder Verteiler von Gütern oder Dienstleistungen am Markt tätig werden, sofern die Leistung ihrer Art nach auch von einem Privaten mit der Absicht der Gewinnerzielung erbracht werden könnte.

(2) Als wirtschaftliche Betätigung im Sinne dieses Abschnitts gilt nicht der Betrieb von

1. Einrichtungen, zu denen die Gemeinde gesetzlich verpflichtet ist,

2. öffentlichen Einrichtungen, die für die soziale und kulturelle Betreuung der Einwohner erforderlich sind, insbesondere Einrichtungen auf den Gebieten

    – Erziehung, Bildung oder Kultur (Schulen, Volkshochschulen, Tageseinrichtungen für Kinder und sonstige Einrichtungen der Jugendhilfe, Bibliotheken, Museen, Ausstellungen, Opern, Theater, Kinos, Bühnen, Orchester, Stadthallen, Begegnungsstätten),

    – Sport oder Erholung (Sportanlagen, zoologische und botanische Gärten, Wald-, Park- und Gartenanlagen, Herbergen, Erholungsheime, Bäder, Einrichtungen zur Veranstaltung von Volksfesten),

    – Gesundheits- oder Sozialwesen (Krankenhäuser, Bestattungseinrichtungen, Sanatorien, Kurparks, Senioren- und

Behindertenheime, Frauenhäuser, soziale und medizinische Beratungsstellen),

3. Einrichtungen, die der Straßenreinigung, der Wirtschaftsförderung, der Fremdenverkehrsförderung oder der Wohnraumversorgung dienen,

4. Einrichtungen des Umweltschutzes, insbesondere der Abfallentsorgung oder Abwasserbeseitigung sowie des Messe- und Ausstellungswesens,

5. Einrichtungen, die ausschließlich der Deckung des Eigenbedarfs von Gemeinden und Gemeindeverbänden dienen.

Auch diese Einrichtungen sind, soweit es mit ihrem öffentlichen Zweck vereinbar ist, nach wirtschaftlichen Gesichtspunkten zu verwalten und können entsprechend den Vorschriften über die Eigenbetriebe geführt werden. Das für Kommunales zuständige Ministerium kann durch Rechtsverordnung bestimmen, dass Einrichtungen, die nach Art und Umfang eine selbständige Betriebsführung erfordern, ganz oder teilweise nach den für die Eigenbetriebe geltenden Vorschriften zu führen sind; hierbei können auch Regelungen getroffen werden, die von einzelnen der für die Eigenbetriebe geltenden Vorschriften abweichen.

(3) Die wirtschaftliche Betätigung außerhalb des Gemeindegebiets ist nur zulässig, wenn die Voraussetzungen des Absatzes 1 vorliegen und die berechtigten Interessen der betroffenen kommunalen Gebietskörperschaften gewahrt sind. Die Aufnahme einer wirtschaftlichen Betätigung auf ausländischen Märkten ist nur zulässig, wenn die Voraussetzungen des Absatzes 1 Satz 1 Nr. 1 und Nr. 2 vorliegen. Die Aufnahme einer solchen Betätigung bedarf der Genehmigung.

(4) Die nichtwirtschaftliche Betätigung außerhalb des Gemeindegebiets ist nur zulässig, wenn die Voraussetzungen des Absatzes 1 Satz 1 Nr. 1 und Nr. 2 vorliegen und die berechtigten Interessen der betroffenen kommunalen Gebietskörperschaften gewahrt sind. Diese Voraussetzungen gelten bei in den Krankenhausplan des Landes aufgenommenen Krankenhäusern als erfüllt. Die Aufnahme

einer nichtwirtschaftlichen Betätigung auf ausländischen Märkten ist nur zulässig, wenn die Voraussetzungen des Absatzes 1 Satz 1 Nr. 1 und Nr. 2 vorliegen. Die Aufnahme einer solchen Betätigung bedarf der Genehmigung.

(5) Vor der Entscheidung über die Gründung von bzw. die unmittelbare oder mittelbare Beteiligung an Unternehmen im Sinne des Absatzes 1 ist der Rat auf der Grundlage einer Marktanalyse über die Chancen und Risiken des beabsichtigten wirtschaftlichen Engagements und über die Auswirkungen auf das Handwerk und die mittelständische Wirtschaft zu unterrichten. Den örtlichen Selbstverwaltungsorganisationen von Handwerk, Industrie und Handel und den für die Beschäftigten der jeweiligen Branchen handelnden Gewerkschaften ist Gelegenheit zur Stellungnahme zu den Marktanalysen zu geben.

(6) Bankunternehmen darf die Gemeinde nicht errichten, übernehmen oder betreiben.

(7) Für das öffentliche Sparkassenwesen gelten die dafür erlassenen besonderen Vorschriften.

§ 107a
Zulässigkeit energiewirtschaftlicher Betätigung

(1) Die wirtschaftliche Betätigung in den Bereichen der Strom-, Gas- und Wärmeversorgung dient einem öffentlichen Zweck und ist zulässig, wenn sie nach Art und Umfang in einem angemessenen Verhältnis zu der Leistungsfähigkeit der Gemeinde steht.

(2) Mit den Bereichen Strom-, Gas- und Wärmeversorgung unmittelbar verbundene Dienstleistungen sind zulässig, wenn sie den Hauptzweck fördern. Die Gemeinde stellt sicher, dass bei der Erbringung dieser Dienstleistungen die Belange kleinerer Unternehmen, insbesondere des Handwerks, berücksichtigt werden.

(3) Die Aufnahme einer überörtlichen energiewirtschaftlichen Betätigung ist zulässig, wenn die Voraussetzung des Absatzes 1 vorliegt und die berechtigten Interessen der betroffenen kommunalen Gebietskörperschaften gewahrt sind. Bei der Versorgung mit Strom

und Gas gelten nur die Interessen als berechtigt, die nach den Vorschriften des Energiewirtschaftsgesetzes eine Einschränkung des Wettbewerbs zulassen. Die Aufnahme einer energiewirtschaftlichen Betätigung auf ausländischen Märkten ist zulässig, wenn die Voraussetzung des Absatzes 1 vorliegt. Die Aufnahme einer solchen Betätigung bedarf der Genehmigung.

(4) Vor der Entscheidung über die Gründung von bzw. die unmittelbare Beteiligung an Unternehmen im Sinne des Absatzes 1 ist der Rat über die Chancen und Risiken des beabsichtigten wirtschaftlichen Engagements zu unterrichten. Den örtlichen Selbstverwaltungsorganisationen von Handwerk, Industrie und Handel und den für die Beschäftigten der jeweiligen Branchen handelnden Gewerkschaften ist Gelegenheit zur Stellungnahme zu geben, sofern die Entscheidung die Erbringung verbundener Dienstleistungen betrifft.

§ 108

Unternehmen und Einrichtungen des privaten Rechts

(1) Die Gemeinde darf Unternehmen und Einrichtungen in einer Rechtsform des privaten Rechts nur gründen oder sich daran beteiligen, wenn

1. bei Unternehmen (§ 107 Abs. 1) die Voraussetzungen des § 107 Abs. 1 Satz 1 gegeben sind und bei Unternehmen im Bereich der energiewirtschaftlichen Betätigung die Voraussetzung des § 107a Abs. 1 gegeben ist,

2. bei Einrichtungen (§ 107 Abs. 2) ein wichtiges Interesse der Gemeinde an der Gründung oder der Beteiligung vorliegt,

3. eine Rechtsform gewählt wird, welche die Haftung der Gemeinde auf einen bestimmten Betrag begrenzt,

4. die Einzahlungsverpflichtung der Gemeinde in einem angemessenen Verhältnis zu ihrer Leistungsfähigkeit steht,

5. die Gemeinde sich nicht zur Übernahme von Verlusten in unbestimmter oder unangemessener Höhe verpflichtet,

6. die Gemeinde einen angemessenen Einfluß, insbesondere in einem Überwachungsorgan, erhält und dieser durch Gesellschaftsvertrag, Satzung oder in anderer Weise gesichert wird,

7. das Unternehmen oder die Einrichtung durch Gesellschaftsvertrag, Satzung oder sonstiges Organisationsstatut auf den öffentlichen Zweck ausgerichtet wird,

8. bei Unternehmen und Einrichtungen in Gesellschaftsform gewährleistet ist, daß der Jahresabschluß und der Lagebericht, soweit nicht weitergehende gesetzliche Vorschriften gelten oder andere gesetzliche Vorschriften entgegenstehen, aufgrund des Gesellschaftsvertrages oder der Satzung in entsprechender Anwendung der Vorschriften des Dritten Buches des Handelsgesetzbuches für große Kapitalgesellschaften aufgestellt und geprüft werden,

9. bei Unternehmen und Einrichtungen in Gesellschaftsform, vorbehaltlich weitergehender oder entgegenstehender gesetzlicher Vorschriften, durch Gesellschaftsvertrag oder Satzung gewährleistet ist, dass die für die Tätigkeit im Geschäftsjahr gewährten Gesamtbezüge im Sinne des § 285 Nummer 9 des Handelsgesetzbuches der Mitglieder der Geschäftsführung, des Aufsichtsrates, des Beirates oder einer ähnlichen Einrichtung im Anhang zum Jahresabschluss jeweils für jede Personengruppe sowie zusätzlich unter Namensnennung die Bezüge jedes einzelnen Mitglieds dieser Personengruppen unter Aufgliederung nach Komponenten im Sinne des § 285 Nummer 9 Buchstabe a des Handelsgesetzbuches angegeben werden. Die individualisierte Ausweisungspflicht gilt auch für:

   a) Leistungen, die den genannten Mitgliedern für den Fall einer vorzeitigen Beendigung ihrer Tätigkeit zugesagt worden sind,

   b) Leistungen, die den genannten Mitgliedern für den Fall der regulären Beendigung ihrer Tätigkeit zugesagt worden sind, mit ihrem Barwert sowie den von der Gesellschaft während des Geschäftsjahres hierfür aufgewandten oder zurückgestellten Betrag,

c) während des Geschäftsjahres vereinbarte Änderungen dieser Zusagen und

d) Leistungen, die einem früheren Mitglied, das seine Tätigkeit im Laufe des Geschäftsjahres beendet hat, in diesem Zusammenhang zugesagt und im Laufe des Geschäftsjahres gewährt worden sind.

Eine Gewährleistung für die individualisierte Ausweisung von Bezügen und Leistungszusagen ist im Falle der Beteiligung an einer bestehenden Gesellschaft auch dann gegeben, wenn in Gesellschaftsvertrag oder Satzung die erstmalige individualisierte Ausweisung spätestens für das zweite Geschäftsjahr nach Erwerb der Beteiligung festgelegt ist.

10. bei Unternehmen der Telekommunikation einschließlich von Telefondienstleistungen nach § 107 Abs. 1 Satz 1 Nr. 3 im Gesellschaftsvertrag die unmittelbare oder im Rahmen einer Schachtelbeteiligung die mittelbare Haftung der Gemeinde auf den Anteil der Gemeinde bzw. des kommunalen Unternehmens am Stammkapital beschränkt ist. Zur Wahrnehmung gleicher Wettbewerbschancen darf die Gemeinde für diese Unternehmen weder Kredite nach Maßgabe kommunalwirtschaftlicher Vorzugskonditionen in Anspruch nehmen noch Bürgschaften und Sicherheiten i.S. von § 87 leisten.

Die Aufsichtsbehörde kann von den Vorschriften der Nummern 3, 5 und 8 in begründeten Fällen Ausnahmen zulassen. Wird von Satz 1 Nummer 8 eine Ausnahme zugelassen, kann auch von Satz 1 Nummer 9 eine Ausnahme zugelassen werden.

(2) Absatz 1 Satz 1 Nummer 9 gilt für die erstmalige unmittelbare oder mittelbare Beteiligung an einer Gesellschaft einschließlich der Gründung einer Gesellschaft, wenn den beteiligten Gemeinden oder Gemeindeverbänden alleine oder zusammen oder zusammen mit einer Beteiligung des Landes mehr als 50 vom Hundert der Anteile gehören. Bei bestehenden Gesellschaften, an denen Gemeinden oder Gemeindeverbände unmittelbar oder mittelbar alleine oder zusammen oder zusammen mit dem Land mit mehr als 50

vom Hundert beteiligt sind, trifft die Gemeinden und Gemeindeverbände eine Hinwirkungspflicht zur Anpassung an die Vorgaben des Absatzes 1 Satz 1 Nummer 9. Die Hinwirkungspflicht nach Satz 2 bezieht sich sowohl auf die Anpassung von Gesellschaftsvertrag oder Satzung als auch auf die mit Absatz 1 Satz 1 Nummer 9 verfolgte Zielsetzung der individualisierten Ausweisung der dort genannten Bezüge und Leistungszusagen.

(3) Gehören einer Gemeinde mehr als 50 vom Hundert der Anteile an einem Unternehmen oder einer Einrichtung in Gesellschaftsform, muß sie darauf hinwirken, daß

1. in sinngemäßer Anwendung der für die Eigenbetriebe geltenden Vorschriften

    a) für jedes Wirtschaftsjahr ein Wirtschaftsplan aufgestellt wird,

    b) der Wirtschaftsführung eine fünfjährige Finanzplanung zugrunde gelegt und der Gemeinde zur Kenntnis gebracht wird,

    c) die Feststellung des Jahresabschlusses, die Verwendung des Ergebnisses sowie das Ergebnis der Prüfung des Jahresabschlusses und des Lageberichts unbeschadet der bestehenden gesetzlichen Offenlegungspflichten öffentlich bekannt gemacht werden und der Jahresabschluss und der Lagebericht bis zur Feststellung des folgenden Jahresabschlusses zur Einsichtnahme verfügbar gehalten werden,

2. in dem Lagebericht oder in Zusammenhang damit zur Einhaltung der öffentlichen Zwecksetzung und zur Zweckerreichung Stellung genommen wird,

3. nach den Wirtschaftsgrundsätzen (§ 109) verfahren wird, wenn die Gesellschaft ein Unternehmen betreibt.

Gehört der Gemeinde zusammen mit anderen Gemeinden oder Gemeindeverbänden die Mehrheit der Anteile an einem Unternehmen oder an einer Einrichtung, soll sie auf eine Wirtschaftsführung nach Maßgabe des Satzes 1 Nr. 1 a) und b) sowie Nr. 2 und Nr. 3 hinwirken.

(4) Die Gemeinde darf unbeschadet des Absatzes 1 Unternehmen und Einrichtungen in der Rechtsform einer Aktiengesellschaft nur gründen, übernehmen, wesentlich erweitern oder sich daran beteiligen, wenn der öffentliche Zweck nicht ebenso gut in einer anderen Rechtsform erfüllt wird oder erfüllt werden kann.

(5) Die Gemeinde darf unbeschadet des Absatzes 1 Unternehmen und Einrichtungen in der Rechtsform einer Gesellschaft mit beschränkter Haftung nur gründen oder sich daran beteiligen, wenn durch die Ausgestaltung des Gesellschaftsvertrags sichergestellt ist, dass

1. die Gesellschafterversammlung auch beschließt über

   a) den Abschluss und die Änderungen von Unternehmensverträgen im Sinne der §§ 291 und 292 Abs. 1 des Aktiengesetzes,

   b) den Erwerb und die Veräußerung von Unternehmen und Beteiligungen,

   c) den Wirtschaftsplan, die Feststellung des Jahresabschlusses und die Verwendung des Ergebnisses sowie

   d) die Bestellung und die Abberufung der Geschäftsführer, soweit dies nicht der Gemeinde vorbehalten ist, und

2. der Rat den von der Gemeinde bestellten oder auf Vorschlag der Gemeinde gewählten Mitgliedern des Aufsichtsrats Weisungen erteilen kann, soweit die Bestellung eines Aufsichtsrates gesetzlich nicht vorgeschrieben ist.

(6) Vertreter der Gemeinde in einer Gesellschaft, an der Gemeinden, Gemeindeverbände oder Zweckverbände unmittelbar oder mittelbar mit mehr als 25 vom Hundert beteiligt sind, dürfen

a) der Gründung einer anderen Gesellschaft oder einer anderen Vereinigung in einer Rechtsform des privaten Rechts, einer Beteiligung sowie der Erhöhung einer Beteiligung der Gesellschaft an einer anderen Gesellschaft oder einer anderen Vereinigung in einer Rechtsform des privaten Rechts nur zustimmen, wenn

   – die vorherige Entscheidung des Rates vorliegt,

   – für die Gemeinde selbst die Gründungs- bzw. Beteiligungsvoraussetzungen vorliegen und

–   sowohl die Haftung der gründenden Gesellschaft als auch die Haftung der zu gründenden Gesellschaft oder Vereinigung durch ihre Rechtsform auf einen bestimmten Betrag begrenzt sind oder

–   sowohl die Haftung der sich beteiligenden Gesellschaft als auch die Haftung der Gesellschaft oder Vereinigung, an der eine Beteiligung erfolgt, durch ihre Rechtsform auf einen bestimmten Betrag begrenzt sind;

b) einem Beschluss der Gesellschaft zu einer wesentlichen Änderung des Gesellschaftszwecks oder sonstiger wesentlicher Änderungen des Gesellschaftsvertrages nur nach vorheriger Entscheidung des Rates zustimmen.

In den Fällen von Satz 1 Buchstabe a) gilt Absatz 1 Satz 2 und 3 entsprechend. Als Vertreter der Gemeinde im Sinne von Satz 1 gelten auch Geschäftsführer, Vorstandsmitglieder und Mitglieder von sonstigen Organen und ähnlichen Gremien der Gesellschaft, die von der Gemeinde oder auf ihre Veranlassung oder ihren Vorschlag in das Organ oder Gremium entsandt oder gewählt worden sind. Beruht die Entsendung oder Wahl auf der Veranlassung oder dem Vorschlag mehrerer Gemeinden, Gemeindeverbände oder Zweckverbände, so bedarf es der Entscheidung nur des Organs, auf das sich die beteiligten Gemeinden und Gemeindeverbände oder Zweckverbände geeinigt haben. Die Sätze 1 bis 4 gelten nicht, soweit ihnen zwingende Vorschriften des Gesellschaftsrechts entgegenstehen.

(7) Die Gemeinde kann einen einzelnen Geschäftsanteil an einer eingetragenen Kreditgenossenschaft erwerben, wenn eine Nachschußpflicht ausgeschlossen oder die Haftungssumme auf einen bestimmten Betrag beschränkt ist.

§ 108a

Arbeitnehmermitbestimmung in fakultativen Aufsichtsräten

(1) Soweit im Gesellschaftsvertrag eines Unternehmens (§ 107 Absatz 1, § 107a Absatz 1) oder einer Einrichtung (§ 107 Absatz 2) in Privatrechtsform, an der die Gemeinde unmittelbar oder

mittelbar mit mehr als 50 Prozent der Anteile beteiligt ist, ein fakultativer Aufsichtsrat vorgesehen ist, können diesem Arbeitnehmervertreter angehören. Arbeitnehmervertreter können von der Gemeinde in den fakultativen Aufsichtsrat entsandt werden, wenn diese mehr als zwei Aufsichtsratsmandate besetzt. In diesem Fall ist ein angemessener Einfluss der Gemeinde im Sinne des § 108 Absatz 1 Satz 1 Nummer 6 gegeben, wenn bei mehr als zwei von der Gemeinde in den Aufsichtsrat zu entsendenden Vertretern nicht mehr als ein Drittel der auf die Gemeinde entfallenden Aufsichtsratsmandate durch Arbeitnehmervertreter des Unternehmens oder der Einrichtung nach Maßgabe der folgenden Absätze besetzt werden.

(2) Wird ein Aufsichtsratsmandat oder werden zwei Aufsichtsratsmandate mit Arbeitnehmervertretern besetzt, so müssen diese als Arbeitnehmer im Unternehmen oder in der Einrichtung beschäftigt sein. Werden mehr als zwei Aufsichtsratsmandate mit Arbeitnehmervertretern besetzt, so müssen mindestens zwei Aufsichtsratsmandate mit Arbeitnehmern besetzt werden, die im Unternehmen oder in der Einrichtung beschäftigt sind.

(3) Der Rat der Gemeinde bestellt aus einer von den Beschäftigten des Unternehmens oder der Einrichtung gewählten Vorschlagsliste die in den fakultativen Aufsichtsrat zu entsendenden Arbeitnehmervertreter. Die Bestellung bedarf eines Beschlusses der Mehrheit der gesetzlichen Zahl der Mitglieder des Rates. Die Vorschlagsliste muss mindestens die doppelte Zahl der zu entsendenden Arbeitnehmervertreter enthalten. Der Rat hat das Recht, mit der Mehrheit der gesetzlichen Zahl seiner Mitglieder sämtliche Vorschläge der Liste zurückzuweisen und eine Neuwahl zu verlangen. In diesem Fall können die Beschäftigten eine neue Vorschlagsliste wählen; Sätze 1 bis 4 gelten entsprechend. Im Falle einer erneuten Zurückweisung der Vorschläge durch den Rat bleiben die für die Arbeitnehmervertreter vorgesehenen Aufsichtsratsmandate unbesetzt.

(4) § 113 Absatz 1 Satz 2 und 3 und Absatz 6 sowie § 9 des Drittelbeteiligungsgesetzes vom 18. Mai 2004 (BGBl. I S. 974), das

zuletzt durch Artikel 2 Absatz 114 des Gesetzes vom 22. Dezember 2011 (BGBl. I S. 3044) geändert worden ist, gelten für die nach Absatz 3 für den fakultativen Aufsichtsrat vom Rat bestellten Arbeitnehmervertreter entsprechend. Verliert ein vom Rat bestellter Arbeitnehmervertreter, der als Arbeitnehmer im Unternehmen oder in der Einrichtung beschäftigt ist, die Beschäftigteneigenschaft in dem Unternehmen oder der Einrichtung, muss der Rat ihn entsprechend § 113 Absatz 1 Satz 3 aus seinem Amt im fakultativen Aufsichtsrat abberufen.

(5) Zur Wahl der Vorschlagsliste nach Absatz 3 sind alle Beschäftigten des Unternehmens beziehungsweise der Einrichtung wahlberechtigt, die am Tage der Wahl das 18. Lebensjahr vollendet haben. Nicht wahlberechtigt und nicht wählbar sind Geschäftsführer und Vorstände des Unternehmens beziehungsweise der Einrichtung. In die Vorschlagsliste können nur Personen aufgenommen werden, die das 18. Lebensjahr vollendet haben. Im Gesellschaftsvertrag, der Satzung oder dem Organisationsstatut des Unternehmens beziehungsweise der Einrichtung ist die Amtsdauer der Arbeitnehmervertreter zu regeln. Sie soll die regelmäßige Amtsdauer der nach § 113 Absatz 2 Satz 2 neben dem Bürgermeister oder dem von ihm benannten Bediensteten der Gemeinde in den fakultativen Aufsichtsrat bestellten weiteren Vertreter nicht überschreiten.

(6) Die Wahl der Vorschlagsliste erfolgt auf Grund von Wahlvorschlägen des Betriebsrats und der Beschäftigten. Die Wahlvorschläge der Beschäftigten müssen von mindestens einem Zehntel der Wahlberechtigten, jedoch mindestens von drei Wahlberechtigten unterzeichnet sein. Sieht der Gesellschaftsvertrag des Unternehmens oder der Einrichtung die Stellvertretung eines verhinderten Aufsichtsratsmitglieds vor, kann in jedem Wahlvorschlag zusammen mit jedem Bewerber für diesen ein stellvertretendes Mitglied vorgeschlagen werden. Ein Bewerber kann nicht zugleich als stellvertretendes Mitglied vorgeschlagen werden. Wird ein Bewerber gemäß Absatz 3 als Aufsichtsratsmitglied bestimmt, so ist auch das zusammen mit ihm vorgeschlagene stellvertretende Mitglied bestimmt. Das für Kommunales zuständige Ministerium be-

stimmt durch Rechtsverordnung das Verfahren für die Wahl der Vorschlagsliste, insbesondere die Vorbereitung der Wahl und die Aufstellung der Wählerlisten, die Frist für die Einsichtnahme in die Wählerlisten und die Erhebung von Einsprüchen gegen sie, die Wahlvorschläge und die Frist für ihre Einreichung, das Wahlausschreiben und die Frist für seine Bekanntmachung, die Stimmabgabe, die Feststellung des Wahlergebnisses und die Fristen für seine Bekanntmachung, die Anfechtung der Wahl und die Aufbewahrung der Wahlakten.

(7) Der Bürgermeister teilt dem zur gesetzlichen Vertretung berufenen Organ des Unternehmens oder der Einrichtung die Namen der vom Rat für den Aufsichtsrat bestellten Arbeitnehmervertreter und ihrer im Falle des Absatzes 6 Satz 5 bestimmten stellvertretenden Mitglieder mit. Gleichzeitig informiert er die für den Aufsichtsrat bestellten Arbeitnehmervertreter und die im Falle des Absatzes 6 Satz 5 bestimmten stellvertretenden Mitglieder.

(8) Wird ein Arbeitnehmervertreter von seinem Amt gemäß § 113 Absatz 1 Satz 3 abberufen oder scheidet er aus anderen Gründen aus dem Aufsichtsrat aus, ist gleichzeitig auch das zusammen mit ihm nach Absatz 6 Satz 5 bestimmte stellvertretende Mitglied abberufen oder ausgeschieden. Wird ein stellvertretendes Mitglied von seinem Amt gemäß § 113 Absatz 1 Satz 3 abberufen oder scheidet es aus anderen Gründen als stellvertretendes Mitglied aus dem Aufsichtsrat aus, bleibt die Position des stellvertretenden Mitglieds unbesetzt. Für den abberufenen oder ausgeschiedenen Arbeitnehmervertreter bestellt der Rat mit der Mehrheit der gesetzlichen Zahl seiner Mitglieder aus dem noch nicht in Anspruch genommenen Teil der Vorschlagsliste nach Absatz 3 einen Nachfolger. Kommt eine solche Mehrheit nicht zustande, können die Beschäftigten den noch nicht in Anspruch genommenen Teil der Vorschlagsliste um neue Vorschläge ergänzen. Für die Ergänzung der Vorschlagsliste gelten die Absätze 5 und 6 entsprechend. Kommt auch dann keine Mehrheit der gesetzlichen Zahl der Mitglieder des Rates für die Bestellung eines Nachfolgers zustande, bleibt das Aufsichtsratsmandat unbesetzt.

(9) Die Absätze 1 bis 8 gelten mit folgenden Maßgaben entsprechend in den Fällen, in denen an einem Unternehmen oder einer Einrichtung in Privatrechtsform zwei oder mehr Gemeinden unmittelbar oder mittelbar mit insgesamt mehr als 50 Prozent der Anteile beteiligt sind:

1. Die Bestellung der in den fakultativen Aufsichtsrat zu entsendenden Arbeitnehmervertreter bedarf übereinstimmender, mit der Mehrheit der gesetzlichen Zahl der Mitglieder zustande gekommener Beschlüsse der Räte mindestens so vieler beteiligter Gemeinden, dass hierdurch insgesamt mehr als die Hälfte der kommunalen Beteiligung an dem Unternehmen oder der Einrichtung repräsentiert wird. Kommen solche übereinstimmenden Beschlüsse nicht oder nicht im erforderlichen Umfang zustande, kann eine neue Vorschlagsliste gewählt werden. Kommen auch hierzu entsprechende übereinstimmende Beschlüsse der beteiligten Räte nicht oder nicht im erforderlichen Umfang zustande, bleiben die für die Arbeitnehmervertreter vorgesehenen Aufsichtsratsmandate unbesetzt.

2. Für die Bestellung eines Nachfolgers im Sinne des Absatzes 8 gilt Nummer 1 Satz 1 entsprechend. Kommen danach übereinstimmende Beschlüsse der beteiligten Räte nicht oder nicht im erforderlichen Umfang zustande, können die Beschäftigten den noch nicht in Anspruch genommenen Teil der Vorschlagsliste um neue Vorschläge ergänzen. Für die Ergänzung der Vorschlagsliste gelten die Absätze 5 und 6 entsprechend. Kommen auch dann übereinstimmende Beschlüsse der beteiligten Räte nicht oder nicht im erforderlichen Umfang zustande, bleibt das Aufsichtsratsmandat unbesetzt.

3. Für die nach § 113 Absatz 1 Satz 2 und 3 zu treffenden Entscheidungen bedarf es übereinstimmender Beschlüsse der Räte mindestens so vieler beteiligter Gemeinden, dass hierdurch insgesamt mehr als die Hälfte der kommunalen Beteiligung an dem Unternehmen oder der Einrichtung repräsentiert wird.

§ 108b
Regelung zur Vollparität

(1) Nach Maßgabe der folgenden Regelungen kann für die fakultativen Aufsichtsräte kommunal beherrschter Gesellschaften, die von den bis zum 31. Oktober 2025 amtierenden kommunalen Vertretungen zu bestellen sind, auf Antrag eine Ausnahme von der in § 108a geregelten Drittelparität zugelassen werden.

(2) Die Ausnahme ist von der Gemeinde, die die Gesellschaft beherrscht, bei der zuständigen Aufsichtsbehörde unter Beifügung eines entsprechenden Ratsbeschlusses und des vorgesehenen Gesellschaftsvertrages zu beantragen. Sind an der kommunal beherrschten Gesellschaft zwei oder mehr Gemeinden beteiligt, muss der Antrag von sämtlichen an der Gesellschaft beteiligten Gemeinden unter Beifügung der entsprechenden Ratsbeschlüsse gestellt werden.

(3) Die zuständige Aufsichtsbehörde hat die Ausnahme zuzulassen, wenn die in Absatz 2 genannten Unterlagen ordnungsgemäß vorliegen und der Gesellschaftsvertrag den sonstigen Anforderungen des § 108a und der nachfolgenden Absätze entspricht. Die Zulassung der Ausnahme durch die zuständige Aufsichtsbehörde bedarf vor ihrem Wirksamwerden der Genehmigung des für Kommunales zuständigen Ministeriums.

(4) Sind sämtliche Aufsichtsratsmandate von der Gemeinde zu besetzen, können abweichend von § 108a Absatz 1 Satz 3 bis zur Hälfte der Aufsichtsratsmandate mit Arbeitnehmervertretern besetzt werden. Wird die Hälfte der Aufsichtsratsmandate mit Arbeitnehmervertretern besetzt, muss der Gesellschaftsvertrag vorsehen, dass der Aufsichtsratsvorsitzende nicht zu dem von der Arbeitnehmerseite vorgeschlagenen Personenkreis gehört. Außerdem muss der Gesellschaftsvertrag für den Fall, dass eine Abstimmung im Aufsichtsrat Stimmengleichheit ergibt, regeln, dass noch in derselben Sitzung des Aufsichtsrats eine erneute Abstimmung über denselben Gegenstand herbeigeführt wird, bei der der Aufsichtsratsvorsitzende zwei Stimmen hat.

(5) Ist ein Teil der Aufsichtsratsmandate von Gesellschaftern zu besetzen, die die Vorschriften des 11. Teils nicht unmittelbar, sinngemäß oder entsprechend anzuwenden haben, muss der Gesellschaftsvertrag vorsehen, dass die Mehrzahl der auf die Gemeinde entfallenden Aufsichtsratsmandate mit Personen besetzt wird, die nicht von der Arbeitnehmerseite vorgeschlagen werden.

(6) Im Übrigen gelten die Regelungen des § 108a. Das für Kommunales zuständige Ministerium bestimmt durch Rechtsverordnung das Verfahren für die Wahl der Vorschlagsliste, insbesondere die Vorbereitung der Wahl und die Aufstellung der Wählerlisten, die Frist für die Einsichtnahme in die Wählerlisten und die Erhebung von Einsprüchen gegen sie, die Wahlvorschläge und die Frist für ihre Einreichung, das Wahlausschreiben und die Frist für seine Bekanntmachung, die Stimmabgabe, die Feststellung des Wahlergebnisses und die Fristen für seine Bekanntmachung, die Anfechtung der Wahl und die Aufbewahrung der Wahlakten.

§ 109
Wirtschaftsgrundsätze

(1) Die Unternehmen und Einrichtungen sind so zu führen, zu steuern und zu kontrollieren, daß der öffentliche Zweck nachhaltig erfüllt wird. Unternehmen sollen einen Ertrag für den Haushalt der Gemeinde abwerfen, soweit dadurch die Erfüllung des öffentlichen Zwecks nicht beeinträchtigt wird.

(2) Der Jahresgewinn der wirtschaftlichen Unternehmen als Unterschied der Erträge und Aufwendungen soll so hoch sein, daß außer den für die technische und wirtschaftliche Entwicklung des Unternehmens notwendigen Rücklagen mindestens eine marktübliche Verzinsung des Eigenkapitals erwirtschaftet wird.

§ 110
Verbot des Mißbrauchs wirtschaftlicher Machtstellung

Bei Unternehmen, für die kein Wettbewerb gleichartiger Unternehmen besteht, dürfen der Anschluß und die Belieferung nicht davon abhängig gemacht werden, daß auch andere Leistungen oder Lieferungen abgenommen werden.

§ 111
Veräußerung von Unternehmen, Einrichtungen und Beteiligungen

(1) Die teilweise oder vollständige Veräußerung eines Unternehmens oder einer Einrichtung oder einer Beteiligung an einer Gesellschaft sowie andere Rechtsgeschäfte, durch welche die Gemeinde ihren Einfluß auf das Unternehmen, die Einrichtung oder die Gesellschaft verliert oder vermindert, sind nur zulässig, wenn die für die Betreuung der Einwohner erforderliche Erfüllung der Aufgaben der Gemeinde nicht beeinträchtigt wird.

(2) Vertreter der Gemeinde in einer Gesellschaft, an der Gemeinden, Gemeindeverbände oder Zweckverbände unmittelbar oder mittelbar mit mehr als 50 v.H. beteiligt sind, dürfen Veräußerungen oder anderen Rechtsgeschäften i.S. des Absatzes 1 nur nach vorheriger Entscheidung des Rates und nur dann zustimmen, wenn für die Gemeinde die Zulässigkeitsvoraussetzung des Absatzes 1 vorliegt.

§ 112
Informations- und Prüfungsrechte

(1) Gehören einer Gemeinde unmittelbar oder mittelbar Anteile an einem Unternehmen oder einer Einrichtung in einer Rechtsform des privaten Rechts in dem in § 53 des Haushaltsgrundsätzegesetzes bezeichneten Umfang, so soll sie

1. die Rechte nach § 53 Abs. 1 des Haushaltsgrundsätzegesetzes ausüben,

2. darauf hinwirken, daß ihr die in § 54 des Haushaltsgrundsätzegesetzes vorgesehenen Befugnisse eingeräumt werden.

(2) Ist eine Beteiligung der Gemeinde an einer Gesellschaft keine Mehrheitsbeteiligung im Sinne des § 53 des Haushaltsgrundsätzegesetzes, so soll die Gemeinde, so weit ihr Interesse dies erfordert,

darauf hinwirken, daß ihr im Gesellschaftsvertrag oder in der Satzung die Befugnisse nach § 53 des Haushaltsgrundsätzegesetzes eingeräumt werden. Bei mittelbaren Minderheitsbeteiligungen gilt dies nur, wenn die Beteiligung den vierten Teil der Anteile übersteigt und einer Gesellschaft zusteht, an der die Gemeinde allein oder zusammen mit anderen Gebietskörperschaften mit Mehrheit im Sinne des § 53 des Haushaltsgrundsätzegesetzes beteiligt ist.

§ 113

Vertretung der Gemeinde in Unternehmen oder Einrichtungen

(1) Die Vertreter der Gemeinde in Beiräten, Ausschüssen, Gesellschafterversammlungen, Aufsichtsräten oder entsprechenden Organen von juristischen Personen oder Personenvereinigungen, an denen die Gemeinde unmittelbar oder mittelbar beteiligt ist, haben die Interessen der Gemeinde zu verfolgen. Sie sind an die Beschlüsse des Rates und seiner Ausschüsse gebunden. Die vom Rat bestellten Vertreter haben ihr Amt auf Beschluß des Rates jederzeit niederzulegen. Die Sätze 1 bis 3 gelten nur, soweit durch Gesetz nichts anderes bestimmt ist.

(2) Bei unmittelbaren Beteiligungen vertritt ein vom Rat bestellter Vertreter die Gemeinde in den in Absatz 1 genannten Gremien. Sofern weitere Vertreter zu benennen sind, muss der Bürgermeister oder der von ihm vorgeschlagene Bedienstete der Gemeinde dazuzählen. Die Sätze 1 und 2 gelten für mittelbare Beteiligungen entsprechend, sofern nicht ähnlich wirksame Vorkehrungen zur Sicherung hinreichender gemeindlicher Einfluss- und Steuerungsmöglichkeiten getroffen werden.

(3) Die Gemeinde ist verpflichtet, bei der Ausgestaltung des Gesellschaftsvertrages einer Kapitalgesellschaft darauf hinzuwirken, daß ihr das Recht eingeräumt wird, Mitglieder in den Aufsichtsrat zu entsenden. Über die Entsendung entscheidet der Rat. Zu den entsandten Aufsichtsratsmitgliedern muß der Bürgermeister oder der von ihm vorgeschlagene Bedienstete der Gemeinde zählen,

wenn diese mit mehr als einem Mitglied im Aufsichtsrat vertreten ist. Dies gilt sowohl für unmittelbare als auch für mittelbare Beteiligungen.

(4) Ist der Gemeinde das Recht eingeräumt worden, Mitglieder des Vorstandes oder eines gleichartigen Organs zu bestellen oder vorzuschlagen, entscheidet der Rat.

(5) Die Vertreter der Gemeinde haben den Rat über alle Angelegenheiten von besonderer Bedeutung frühzeitig zu unterrichten. Die Unterrichtungspflicht besteht nur, soweit durch Gesetz nichts anderes bestimmt ist.

(6) Die Vertreterinnen und Vertreter der Gemeinde haben über die zur Wahrnehmung des Vertretungsamtes sowie die zur Beurteilung und Überwachung der Geschäfte, die das Unternehmen oder die Einrichtung betreibt, erforderliche betriebswirtschaftliche Erfahrung und Sachkunde zu verfügen. Die Gemeinde soll den nach Satz 1 entsandten Personen die Gelegenheit geben, regelmäßig an Fortbildungsveranstaltungen teilzunehmen, die der Wahrnehmung dieser Aufgaben dienlich sind. Die nach Satz 1 entsandten Personen haben sich regelmäßig zur Wahrnehmung dieser Aufgaben fortzubilden.

(7) Wird ein Vertreter der Gemeinde aus seiner Tätigkeit in einem Organ haftbar gemacht, so hat ihm die Gemeinde den Schaden zu ersetzen, es sei denn, daß er ihn vorsätzlich oder grob fahrlässig herbeigeführt hat. Auch in diesem Falle ist die Gemeinde schadensersatzpflichtig, wenn ihr Vertreter nach Weisung des Rates oder eines Ausschusses gehandelt hat.

§ 114

Eigenbetriebe

(1) Die gemeindlichen wirtschaftlichen Unternehmen ohne Rechtspersönlichkeit (Eigenbetriebe) werden nach den Vorschriften der Eigenbetriebsverordnung und der Betriebssatzung geführt.

(2) In den Angelegenheiten des Eigenbetriebes ist der Betriebsleitung ausreichende Selbständigkeit der Entschließung einzuräumen.

Die Zuständigkeiten des Rates sollen soweit wie möglich dem Betriebsausschuss übertragen werden.

(3) Bei Eigenbetrieben mit mehr als 50 Beschäftigten besteht der Betriebsausschuss zu einem Drittel aus Beschäftigten des Eigenbetriebes. Die Gesamtzahl der Ausschußmitglieder muß in diesem Fall durch drei teilbar sein. Bei Eigenbetrieben mit weniger als 51, aber mehr als zehn Beschäftigten gehören dem Betriebsausschuss zwei Beschäftigte des Eigenbetriebes an. Die dem Betriebsausschuss angehörenden Beschäftigten werden aus einem Vorschlag der Versammlung der Beschäftigten des Eigenbetriebes gewählt, der mindestens die doppelte Zahl der zu wählenden Mitglieder und Stellvertreter enthält. Wird für mehrere Eigenbetriebe ein gemeinsamer Betriebsausschuss gebildet, ist die Gesamtzahl aller Beschäftigten dieser Eigenbetriebe maßgebend; Satz 4 gilt entsprechend. Die Zahl der sachkundigen Bürger darf zusammen mit der Zahl der Beschäftigten die der Ratsmitglieder im Betriebsausschuss nicht erreichen.

§ 114a

Rechtsfähige Anstalten des öffentlichen Rechts

(1) Die Gemeinde kann Unternehmen und Einrichtungen in der Rechtsform einer Anstalt des öffentlichen Rechts errichten oder bestehende Regie- und Eigenbetriebe sowie eigenbetriebsähnliche Einrichtungen im Wege der Gesamtrechtsnachfolge in rechtsfähige Anstalten des öffentlichen Rechts umwandeln. §108 Abs. 1 Satz 1 Nr. 1 und Nr. 2 gilt entsprechend.

(2) Die Gemeinde regelt die Rechtsverhältnisse der Anstalt durch eine Satzung. Die Satzung muss Bestimmungen über den Namen und die Aufgaben der Anstalt, die Zahl der Mitglieder des Vorstands und des Verwaltungsrates, die Höhe des Stammkapitals, die Wirtschaftsführung, die Vermögensverwaltung und die Rechnungslegung enthalten.

(3) Die Gemeinde kann der Anstalt einzelne oder alle mit einem bestimmten Zweck zusammenhängende Aufgaben ganz oder teil-

weise übertragen. Sie kann zugunsten der Anstalt unter der Voraussetzung des § 9 durch Satzung einen Anschluss- und Benutzungszwang vorschreiben und der Anstalt das Recht einräumen, an ihrer Stelle Satzungen für das übertragene Aufgabengebiet zu erlassen; § 7 gilt entsprechend.

(4) Die Anstalt kann nach Maßgabe der Satzung andere Unternehmen oder Einrichtungen gründen oder sich an solchen beteiligen oder eine bestehende Beteiligung erhöhen, wenn das dem Anstaltszweck dient. Für die Gründung von und die Beteiligung an anderen Unternehmen und Einrichtungen in einer Rechtsform des privaten Rechts sowie deren Veräußerung und andere Rechtsgeschäfte im Sinne des § 111 gelten die §§ 108 bis 113 entsprechend. Für die in Satz 2 genannten Gründungen und Beteiligungen muss ein besonders wichtiges Interesse vorliegen.

(5) Die Gemeinde haftet für die Verbindlichkeiten der Anstalt unbeschränkt, soweit nicht Befriedigung aus deren Vermögen zu erlangen ist (Gewährträgerschaft). Rechtsgeschäfte im Sinne des § 87 dürfen von der Anstalt nicht getätigt werden.

(6) Die Anstalt wird von einem Vorstand in eigener Verantwortung geleitet, soweit nicht gesetzlich oder durch die Satzung der Gemeinde etwas anderes bestimmt ist. Der Vorstand vertritt die Anstalt gerichtlich und außergerichtlich.

(7) Die Geschäftsführung des Vorstands wird von einem Verwaltungsrat überwacht. Der Verwaltungsrat bestellt den Vorstand auf höchstens 5 Jahre; eine erneute Bestellung ist zulässig. Er entscheidet außerdem über

1. den Erlass von Satzungen gemäß Absatz 3 Satz 2,

2. die Beteiligung oder Erhöhung einer Beteiligung der Anstalt an anderen Unternehmen oder Einrichtungen sowie deren Gründung,

3. die Feststellung des Wirtschaftsplans und des Jahresabschlusses,

4. die Festsetzung allgemein geltender Tarife und Entgelte für die Leistungsnehmer,

5. die Bestellung des Abschlussprüfers,

6. die Ergebnisverwendung,

7. Rechtsgeschäfte der Anstalt im Sinne des § 111.

Im Fall der Nummer 1 unterliegt der Verwaltungsrat den Weisungen des Rates und berät und beschließt in öffentlicher Sitzung. In den Fällen der Nummern 2 und 7 bedarf es der vorherigen Entscheidung des Rates. Dem Verwaltungsrat obliegt außerdem die Entscheidung in den durch die Satzung der Gemeinde bestimmten Angelegenheiten der Anstalt. In der Satzung kann ferner vorgesehen werden, dass bei Entscheidungen der Organe der Anstalt von grundsätzlicher Bedeutung die Zustimmung des Rates erforderlich ist.

(8) Der Verwaltungsrat besteht aus dem vorsitzenden Mitglied und den übrigen Mitgliedern. Den Vorsitz führt der Bürgermeister. Soweit Beigeordnete mit eigenem Geschäftsbereich bestellt sind, führt derjenige Beigeordnete den Vorsitz, zu dessen Geschäftsbereich die der Anstalt übertragenen Aufgaben gehören. Sind die übertragenen Aufgaben mehreren Geschäftsbereichen zuzuordnen, so entscheidet der Bürgermeister über den Vorsitz. Die übrigen Mitglieder des Verwaltungsrates werden vom Rat für die Dauer der Wahlperiode gewählt; für die Wahl gilt § 50 Absatz 4 sinngemäß. Die Amtszeit von Mitgliedern des Verwaltungsrats endet mit dem Ende der Wahlperiode oder bei Mitgliedern des Verwaltungsrats, die dem Rat angehören, mit dem vorzeitigen Ausscheiden aus dem Rat. Die Mitglieder des Rats üben ihr Amt bis zum Amtsantritt der neuen Mitglieder weiter aus. Mitglieder des Verwaltungsrats können nicht sein:

1. Bedienstete der Anstalt,

2. leitende Bedienstete von juristischen Personen oder sonstigen Organisationen des öffentlichen oder privaten Rechts, an denen die Anstalt mit mehr als 50 v.H. beteiligt ist; eine Beteiligung am Stimmrecht genügt,

3. Bedienstete der Aufsichtsbehörde, die unmittelbar mit Aufgaben der Aufsicht über die Anstalt befasst sind.

(9) Die Anstalt hat das Recht, Dienstherr von Beamten zu sein, wenn sie auf Grund einer Aufgabenübertragung nach Absatz 3 hoheitliche Befugnisse ausübt. Wird die Anstalt aufgelöst oder umgebildet, so gilt für die Rechtsstellung der Beamten und der Versorgungsempfänger Kapitel II Abschnitt III des Beamtenrechtsrahmengesetzes.

(10) Der Jahresabschluss und der Lagebericht der Anstalt werden nach den für große Kapitalgesellschaften geltenden Vorschriften des Handelsgesetzbuches aufgestellt und geprüft, sofern nicht weitergehende gesetzliche Vorschriften gelten oder andere gesetzliche Vorschriften entgegenstehen. § 285 Nummer 9 Buchstabe a des Handelsgesetzbuches ist mit der Maßgabe anzuwenden, dass die für die Tätigkeit im Geschäftsjahr gewährten Gesamtbezüge der Mitglieder des Vorstands sowie die für die Tätigkeit im Geschäftsjahr gewährten Leistungen für die Mitglieder des Verwaltungsrates im Anhang des Jahresabschlusses für jede Personengruppe sowie zusätzlich unter Namensnennung die Bezüge und Leistungen für jedes einzelne Mitglied dieser Personengruppen unter Aufgliederung nach Komponenten im Sinne des § 285 Nummer 9 Buchstabe a des Handelsgesetzbuches angegeben werden, soweit es sich um Leistungen des Kommunalunternehmens handelt. Die individualisierte Ausweisungspflicht gilt auch für Leistungen entsprechend § 108 Absatz 1 Satz 1 Nummer 9 Satz 2.

(11) § 14 Abs. 1, § 31, § 74, § 75 Abs. 1, § 77, § 84 sowie die Bestimmungen des 13. Teils über die staatliche Aufsicht sind auf die Anstalt sinngemäß anzuwenden.

§ 115

Anzeige

(1) Entscheidungen der Gemeinde über

a) die Gründung oder wesentliche Erweiterung einer Gesellschaft oder eine wesentliche Änderung des Gesellschaftszwecks oder sonstiger wesentlicher Änderungen des Gesellschaftsvertrages,

b) die Beteiligung an einer Gesellschaft oder die Änderung der Beteiligung an einer Gesellschaft,

c) die gänzliche oder teilweise Veräußerung einer Gesellschaft oder der Beteiligung an einer Gesellschaft,

d) die Errichtung, die Übernahme oder die wesentliche Erweiterung eines Unternehmens, die Änderung der bisherigen Rechtsform oder eine wesentliche Änderung des Zwecks,

e) den Abschluß von Rechtsgeschäften, die ihrer Art nach geeignet sind, den Einfluß der Gemeinde auf das Unternehmen oder die Einrichtung zu mindern oder zu beseitigen oder die Ausübung von Rechten aus einer Beteiligung zu beschränken,

f) die Führung von Einrichtungen entsprechend den Vorschriften über die Eigenbetriebe,

g) den Erwerb eines Geschäftsanteils an einer eingetragenen Genossenschaft,

h) die Errichtung, wesentliche Erweiterung oder Auflösung einer rechtsfähigen Anstalt des öffentlichen Rechts gemäß § 114 a, die Beteiligung oder Erhöhung einer Beteiligung der Anstalt an anderen Unternehmen oder Einrichtungen oder deren Gründung sowie Rechtsgeschäfte der Anstalt im Sinne des § 111

sind der Aufsichtsbehörde unverzüglich, spätestens sechs Wochen vor Beginn des Vollzugs, anzuzeigen. Aus der Anzeige muß zu ersehen sein, ob die gesetzlichen Voraussetzungen erfüllt sind. Die Aufsichtsbehörde kann im Einzelfall aus besonderem Grund die Frist verkürzen, verlängern oder ergänzende Unterlagen verlangen.

(2) Für die Entscheidung über die mittelbare Beteiligung an einer Gesellschaft gilt Entsprechendes, wenn ein Beschluß des Rates nach § 108 Abs. 6 oder § 111 Abs. 2 zu fassen ist.

12. Teil

Gesamtabschluss

§ 116

Gesamtabschluss

(1) Die Gemeinde hat in jedem Haushaltsjahr für den Abschlussstichtag 31. Dezember einen Gesamtabschluss aufzustellen. § 95 Absatz 1 gilt entsprechend.

(2) Der Gesamtabschluss besteht aus

1. der Gesamtergebnisrechnung,

2. der Gesamtbilanz,

3. dem Gesamtanhang,

4. der Kapitalflussrechnung und

5. dem Eigenkapitalspiegel.

Darüber hinaus hat die Gemeinde einen Gesamtlagebericht aufzustellen.

(3) Zum Zwecke der Aufstellung des Gesamtabschlusses sind die Jahresabschlüsse aller verselbständigten Aufgabenbereiche in öffentlich-rechtlicher oder privatrechtlicher Form mit dem Jahresabschluss der Gemeinde zu konsolidieren, sofern im Gesetz oder durch Rechtsverordnung nicht anderes bestimmt ist. Für mittelbare Beteiligungen gilt § 290 Absatz 3 des Handelsgesetzbuches entsprechend.

(4) Auf den Gesamtabschluss sind, soweit seine Eigenart keine Abweichung bedingt oder im Gesetz oder durch Rechtsverordnung nichts anderes bestimmt ist, die Vorschriften über den gemeindlichen Jahresabschluss entsprechend anzuwenden.

(5) Hat sich die Zusammensetzung der in den Gesamtabschluss einbezogenen verselbständigten Aufgabenbereiche gemäß Absatz 3 im Laufe des Haushaltsjahres wesentlich geändert, so sind in den Gesamtabschluss Angaben aufzunehmen, die es ermöglichen,

die aufeinanderfolgenden Gesamtabschlüsse sinnvoll zu vergleichen.

(6) Die in den Gesamtabschluss einzubeziehenden verselbständigten Aufgabenbereiche nach Absatz 3 haben der Gemeinde ihre Jahresabschlüsse, Lageberichte, und wenn eine Abschlussprüfung stattgefunden hat, die Prüfungsberichte sowie, wenn ein Zwischenabschluss aufzustellen ist, einen auf den Stichtag des Gesamtabschlusses aufgestellten Abschluss unverzüglich einzureichen. Die Gemeinde kann von jedem verselbständigten Aufgabenbereich nach Absatz 3 alle Aufklärungen und Nachweise verlangen, welche die Aufstellung des Gesamtabschlusses und des Gesamtlageberichtes erfordert.

(7) Am Schluss des Gesamtanhangs sind für die Mitglieder des Verwaltungsvorstands nach § 70, soweit dieser nicht zu bilden ist für den Bürgermeister und den Kämmerer, sowie für die Ratsmitglieder, auch wenn die Personen im Haushaltsjahr ausgeschieden sind, anzugeben:

1. der Familienname mit mindestens einem ausgeschriebenen Vornamen,

2. der ausgeübte Beruf,

3. die Mitgliedschaften in Aufsichtsräten und anderen Kontrollgremien im Sinne des § 125 Absatz 1 Satz 5 des Aktiengesetzes,

4. die Mitgliedschaft in Organen von verselbstständigten Aufgabenbereichen der Gemeinde in öffentlich-rechtlicher oder privatrechtlicher Form,

5. die Mitgliedschaft in Organen sonstiger privatrechtlicher Unternehmen.

(8) Der Gesamtabschluss und der Gesamtlagebericht sind innerhalb der ersten neun Monate nach dem Abschlussstichtag aufzustellen, § 95 Absatz 5 findet für deren Aufstellung entsprechende Anwendung.

(9) Für die Prüfung des Gesamtabschlusses und des Gesamtlageberichtes gilt § 59 Absatz 3 entsprechend. Der Rat bestätigt den ge-

prüften Gesamtabschluss durch Beschluss, § 96 Absatz 1 Sätze 1, 4 und 7 und Absatz 2 finden entsprechende Anwendung.

§ 116a

Größenabhängige Befreiungen

(1) Eine Gemeinde ist von der Pflicht, einen Gesamtabschluss und einen Gesamtlagebericht aufzustellen, befreit, wenn am Abschlussstichtag ihres Jahresabschlusses und am vorhergehenden Abschlussstichtag jeweils mindestens zwei der nachstehenden Merkmale zutreffen:

1. die Bilanzsummen in den Bilanzen der Gemeinde und der einzubeziehenden verselbständigten Aufgabenbereiche nach § 116 Absatz 3 übersteigen insgesamt nicht mehr als 1.500.000.000 Euro,

2. die der Gemeinde zuzurechnenden Erträge aller vollkonsolidierungspflichtigen verselbständigten Aufgabenbereiche nach § 116 Absatz 3 machen weniger als 50 Prozent der ordentlichen Erträge der Ergebnisrechnung der Gemeinde aus,

3. die der Gemeinde zuzurechnenden Bilanzsummen aller vollkonsolidierungspflichtigen verselbständigten Aufgabenbereiche nach § 116 Absatz 3 machen insgesamt weniger als 50 Prozent der Bilanzsumme der Gemeinde aus.

(2) Über das Vorliegen der Voraussetzungen für die Befreiung von der Pflicht zur Aufstellung eines Gesamtabschlusses entscheidet der Rat für jedes Haushaltsjahr bis zum 30. September des auf das Haushaltsjahr folgenden Jahres. Das Vorliegen der Voraussetzungen nach Absatz 1 ist gegenüber dem Rat anhand geeigneter Unterlagen nachzuweisen. Die Entscheidung des Rates ist der Aufsichtsbehörde jährlich mit der Anzeige des durch den Rat festgestellten Jahresabschlusses der Gemeinde vorzulegen.

(3) Sofern eine Gemeinde von der größenabhängigen Befreiung im Zusammenhang mit der Erstellung eines Gesamtabschlusses Gebrauch macht, ist ein Beteiligungsbericht gemäß § 117 zu erstellen.

§ 116b
Verzicht auf die Einbeziehung

In den Gesamtabschluss und den Gesamtlagebericht müssen verselbstständigte Aufgabenbereiche nach § 116 Absatz 3 nicht einbezogen werden, wenn sie für die Verpflichtung, ein den tatsächlichen Verhältnissen entsprechendes Bild der Vermögens-, Finanz- und Ertragslage der Gemeinde zu vermitteln, von untergeordneter Bedeutung sind. Die Anwendung des Satzes 1 ist im Gesamtanhang anzugeben und zu begründen. Aufgabenträger mit dem Zweck der unmittelbaren oder mittelbaren Trägerschaft an Sparkassen sind nicht im Gesamtabschluss zu konsolidieren.

§ 117
Beteiligungsbericht

(1) In den Fällen, in denen eine Gemeinde von der Aufstellung eines Gesamtabschlusses unter den Voraussetzungen des § 116a befreit ist, ist in dem Jahr ein Beteiligungsbericht zu erstellen. Für die Erstellung des Beteiligungsberichtes gilt § 116 Absatz 6 Satz 2 entsprechend. Über den Beteiligungsbericht ist ein gesonderter Beschluss des Rates in öffentlicher Sitzung herbeizuführen.

(2) Der Beteiligungsbericht hat folgende Informationen zu sämtlichen verselbstständigten Aufgabenbereichen in öffentlich-rechtlicher und privatrechtlicher Form zu enthalten, sofern in diesem Gesetz oder in einer Rechtsverordnung nichts anderes bestimmt wird:

1. die Beteiligungsverhältnisse,

2. die Jahresergebnisse der verselbstständigten Aufgabenbereiche,

3. eine Übersicht über den Stand der Verbindlichkeiten und die Entwicklung des Eigenkapitals jedes verselbstständigten Aufgabenbereiches sowie

4. eine Darstellung der wesentlichen Finanz- und Leistungsbeziehungen der Beteiligungen untereinander und mit der Gemeinde.

§ 118

(weggefallen)

13. Teil

Aufsicht

§ 119 .

Allgemeine Aufsicht und Sonderaufsicht

(1) Die Aufsicht des Landes (§ 11) erstreckt sich darauf, daß die Gemeinden im Einklang mit den Gesetzen verwaltet werden (allgemeine Aufsicht).

(2) Soweit die Gemeinden ihre Aufgaben nach Weisung erfüllen (§ 3 Abs. 2), richtet sich die Aufsicht nach den hierüber erlassenen Gesetzen (Sonderaufsicht).

§ 120

Aufsichtsbehörden

(1) Die allgemeine Aufsicht über die kreisangehörigen Gemeinden führt der Landrat als untere staatliche Verwaltungsbehörde; § 59 Kreisordnung bleibt unberührt.

(2) Die allgemeine Aufsicht über kreisfreie Städte führt die Bezirksregierung.

(3) Obere Aufsichtsbehörde ist für kreisangehörige Gemeinden die Bezirksregierung, für kreisfreie Städte das für Kommunales zuständige Ministerium.

(4) Oberste Aufsichtsbehörde ist das für Kommunales zuständige Ministerium.

(5) Sind an Angelegenheiten, die nach diesem Gesetz der Genehmigung oder der Entscheidung der Aufsichtsbehörde bedürfen, Gemeinden verschiedener Kreise oder Regierungsbezirke beteiligt,

ist die gemeinsame nächsthöhere Aufsichtsbehörde oder die von dieser bestimmte Aufsichtsbehörde zuständig.

§ 121

Unterrichtungsrecht

Die Aufsichtsbehörde kann sich jederzeit über die Angelegenheiten der Gemeinde unterrichten.

§ 122

Beanstandungs- und Aufhebungsrecht

(1) Die Aufsichtsbehörde kann den Bürgermeister anweisen, Beschlüsse des Rates und der Ausschüsse, die das geltende Recht verletzen, zu beanstanden (§ 54 Abs. 2 und 3). Sie kann solche Beschlüsse nach vorheriger Beanstandung durch den Bürgermeister und nochmaliger Beratung im Rat oder Ausschuß aufheben.

(2) Die Aufsichtsbehörde kann Anordnungen des Bürgermeisters, die das geltende Recht verletzen, beim Rat beanstanden. Die Beanstandung ist schriftlich in Form einer begründeten Darlegung dem Rat mitzuteilen. Sie hat aufschiebende Wirkung. Billigt der Rat die Anordnungen des Bürgermeisters, so kann die Aufsichtsbehörde die Anordnung aufheben.

§ 123

Anordnungsrecht und Ersatzvornahme

(1) Erfüllt die Gemeinde die ihr kraft Gesetzes obliegenden Pflichten oder Aufgaben nicht, so kann die Aufsichtsbehörde anordnen, daß sie innerhalb einer bestimmten Frist das Erforderliche veranlaßt.

(2) Kommt die Gemeinde der Anordnung der Aufsichtsbehörde nicht innerhalb der bestimmten Frist nach, so kann die Aufsichtsbehörde die Anordnung an Stelle und auf Kosten der Gemeinde selbst durchführen oder die Durchführung einem anderen übertragen.

§ 124
Bestellung eines Beauftragten

Wenn und solange die Befugnisse der Aufsichtsbehörde nach den §§ 121 bis 123 nicht ausreichen, kann das für Kommunales zuständige Ministerium einen Beauftragten bestellen, der alle oder einzelne Aufgaben der Gemeinde auf ihre Kosten wahrnimmt. Der Beauftragte hat die Stellung eines Organs der Gemeinde.

§ 125
Auflösung des Rates

Das für Kommunales zuständige Ministerium kann durch Beschluß der Landesregierung ermächtigt werden, einen Rat aufzulösen, wenn er dauernd beschlußunfähig ist oder wenn eine ordnungsgemäße Erledigung der Gemeindeaufgaben aus anderen Gründen nicht gesichert ist. Innerhalb von drei Monaten nach Bekanntgabe der Auflösung ist eine Neuwahl durchzuführen.

§ 126
Anfechtung von Aufsichtsmaßnahmen

Maßnahmen der Aufsichtsbehörde können unmittelbar mit der Klage im Verwaltungsstreitverfahren angefochten werden.

§ 127
Verbot von Eingriffen anderer Stellen

Andere Behörden und Stellen als die allgemeinen Aufsichtsbehörden sind zu Eingriffen in die Gemeindeverwaltung nach den §§ 121 ff. nicht befugt.

§ 128
Zwangsvollstreckung

(1) Zur Einleitung der Zwangsvollstreckung gegen die Gemeinde wegen einer Geldforderung bedarf der Gläubiger einer Zulassungs-

verfügung der Aufsichtsbehörde, es sei denn, daß es sich um die Verfolgung dinglicher Rechte handelt. In der Verfügung hat die Aufsichtsbehörde die Vermögensgegenstände zu bestimmen, in welche die Zwangsvollstreckung zugelassen wird, und über den Zeitpunkt zu befinden, in dem sie stattfinden soll. Die Zwangsvollstreckung wird nach den Vorschriften der Zivilprozeßordnung durchgeführt.

(2) Ein Insolvenzverfahren über das Vermögen der Gemeinde ist nicht zulässig.

(3) Die Bestimmung des § 123 bleibt unberührt.

14. Teil
Übergangs- und Schlußvorschriften, Sondervorschriften

§ 129
Weiterentwicklung der kommunalen Selbstverwaltung (Experimentierklausel)

Zur Erprobung neuer Steuerungsmodelle und zur Weiterentwicklung der kommunalen Selbstverwaltung auch in der grenzüberschreitenden kommunalen Zusammenarbeit kann das für Kommunales zuständige Ministerium im Einzelfall zeitlich begrenzte Ausnahmen von organisations- und haushaltsrechtlichen Vorschriften des Gesetzes oder der zur Durchführung ergangenen Rechtsverordnungen zulassen. Darüber hinaus kann es durch Rechtsverordnung Ausnahmen von anderen Vorschriften des Gesetzes oder der zur Durchführung ergangenen Rechtsverordnungen zulassen. Die Rechtsverordnung kann Gemeinden auf Antrag und zeitlich befristet eine alternative Aufgabenerledigung ermöglichen, soweit die grundsätzliche Erfüllung des Gesetzauftrages sichergestellt ist. § 5 bleibt hiervon unberührt.

§ 130

Unwirksame Rechtsgeschäfte

(1) Rechtsgeschäfte, die ohne die aufgrund dieses Gesetzes erforderliche Genehmigung der Aufsichtsbehörde abgeschlossen werden, sind unwirksam.

(2) Rechtsgeschäfte, die gegen das Verbot des § 86 Abs. 5, des § 87 Abs. 1 oder des § 110 verstoßen, sind nichtig.

§ 131

Befreiung von der Genehmigungspflicht

Das für Kommunales zuständige Ministerium wird ermächtigt, durch Rechtsverordnung Rechtsgeschäfte, die nach den Vorschriften der Teile 8 bis 11 der Genehmigung der Aufsichtsbehörde bedürfen, von der Genehmigung allgemein freizustellen und statt dessen die vorherige Anzeige an die Aufsichtsbehörde vorzuschreiben.

§ 132

Auftragsangelegenheiten

Bis zum Erlaß neuer Vorschriften sind die den Gemeinden zur Erfüllung nach Weisung übertragenen staatlichen Angelegenheiten (Auftragsangelegenheiten) nach den bisherigen Vorschriften durchzuführen.

§ 133

Ausführung des Gesetzes

(1) Das für Kommunales zuständige Ministerium wird ermächtigt, im Einvernehmen mit dem für Finanzen zuständigen Ministerium zur Durchführung dieses Gesetzes durch Rechtsverordnung zu regeln:

1. Inhalt und Gestaltung des Haushaltsplans, der mittelfristigen Ergebnis- und Finanzplanung sowie die Haushaltsführung und die Haushaltsüberwachung; dabei kann es bestimmen, dass

Einzahlungen und Auszahlungen, für die ein Dritter Kostenträger ist oder die von einer zentralen Stelle ausgezahlt werden, nicht im Haushalt der Gemeinde abgewickelt werden,

2. die Veranschlagung von Erträgen, Aufwendungen sowie Einzahlungen und Auszahlungen und Verpflichtungsermächtigungen, die Bildung von Budgets sowie den Ausweis von Zielen und Kennzahlen,

3. Inhalt und Umfang von Abschreibungen, die Bildung von Rückstellungen und von Rücklagen sowie deren Mindesthöhe und Verwendung,

4. die Erfassung, den Nachweis, die Bewertung und die Fortschreibung der Vermögensgegenstände und der Schulden,

5. die Geldanlagen und ihre Sicherung,

6. die Ausschreibung von Lieferungen und Leistungen sowie die Vergabe von Aufträgen einschließlich des Abschlusses von Verträgen,

7. die Stundung, die Niederschlagung und den Erlass von Ansprüchen sowie die Behandlung von Kleinbeträgen,

8. Inhalt, Gestaltung, Prüfung und Aufbewahrung des Jahresabschlusses und des Gesamtabschlusses,

9. die Aufgaben und die Organisation der Finanzbuchhaltung, deren Beaufsichtigung und Prüfung sowie die ordnungsgemäße Abwicklung der Buchführung und des Zahlungsverkehrs, einschließlich ihrer Grundsätze und Verfahren,

10. die erstmalige Bewertung von Vermögen und Schulden und die Aufstellung, Prüfung und Aufbewahrung der Eröffnungsbilanz sowie die Vereinfachungsverfahren und Wertberichtigungen,

11. die zeitliche Aufbewahrung von Büchern, Belegen und sonstigen Unterlagen,

12. Aufbau und Verwaltung, Wirtschaftsführung, Rechnungswesen und Prüfung der Eigenbetriebe, deren Freistellung von diesen

Vorschriften sowie das Wahlverfahren zur Aufstellung des Vorschlages der Versammlung der Beschäftigten für die Wahl von Beschäftigten als Mitglieder des Betriebsausschusses und ihrer Stellvertreter, ferner das Verfahren zur Bestimmung der Nachfolger im Falle des Ausscheidens dieser Mitglieder oder Stellvertreter vor Ablauf der Wahlperiode des Rates,

13. das Verfahren bei der Errichtung der rechtsfähigen Anstalt des öffentlichen Rechts und deren Aufbau, die Verwaltung, die Wirtschaftsführung sowie das Rechnungs- und Prüfungswesen.

(2) Das für Kommunales zuständige Ministerium erlässt die erforderlichen Verwaltungsvorschriften, insbesondere für

1. die Gliederung des Haushaltsplans in Produktbereiche,

2. die Kontierung von Erträgen und Aufwendungen im Ergebnisplan und in der Ergebnisrechnung,

3. die Kontierung von Einzahlungen und Auszahlungen im Finanzplan und in der Finanzrechnung,

4. Verfahren zur Ermittlung von Wertansätzen und deren Kontierung in der Bilanz,

5. die Einrichtung und Zuordnung von Konten für die Finanzbuchhaltung,

6. die Ausgestaltung von Sicherheitsstandards für die Finanzbuchhaltung,

7. die Festlegung von Nutzungsdauern für Vermögensgegenstände,

8. Verfahren zur Ermittlung von Wertansätzen für Vermögen und Schulden in der Eröffnungsbilanz,

9. Inhalt und Gestaltung von Prüfungsberichten.

(3) Das für Kommunales zuständige Ministerium gibt, soweit es für die Vergleichbarkeit der Haushalte erforderlich ist, durch Verwaltungsvorschrift Muster insbesondere für

1. die Haushaltssatzung und ihre Bekanntmachung,

2. die Beschreibung und Gliederung der Produktbereiche und Produktgruppen sowie die Gestaltung des Haushaltsplanes und des Finanzplanes,

3. die Form des Haushaltsplanes und seiner Anlagen und des Finanzplanes,

4. die Form der Anlagenübersicht, der Forderungsübersicht, der Eigenkapitalübersicht und der Verbindlichkeitenübersicht,

5. die Zahlungsanordnungen, Buchführung, den Kontenrahmen, den Jahresabschluss und den Gesamtabschluss und ihren jeweiligen Anlagen und

6. den Beteiligungsbericht

im Ministerialblatt für das Land Nordrhein-Westfalen bekannt. Die Gemeinden sind verpflichtet, diese Muster zu verwenden. Die Bekanntgabe von Mustern nach Satz 1 Nummer 2 und 3 erfolgt im Benehmen mit dem für Finanzen zuständigen Ministerium.

(4) Das für Kommunales zuständige Ministerium wird ermächtigt, durch Rechtsverordnung im Benehmen mit dem für Kommunales zuständigen Ausschuss des Landtags und mit der oder dem Beauftragten der Landesregierung Nordrhein-Westfalen für Informationstechnik Vorschriften zur Verwirklichung der in § 47a Absatz 2 bis 5 bezeichneten Anforderungen zu erlassen. Dies betrifft insbesondere Vorgaben hinsichtlich der technischen und organisatorischen Umsetzung von Sitzungen in digitaler und in hybrider Form im Einzelnen, insbesondere bei Verfahren nach § 48 Absatz 2 Satz 2 bis 5 sowie § 50 Absatz 1 und 2, einschließlich datenschutzrechtlicher und informationssicherheitsrechtlicher Standards. Die Rechtsverordnung kann ferner eine juristische Person des öffentlichen Rechts als zuständige Stelle für die Zertifizierung nach § 47a Absatz 4 Satz 2 bestimmen und die für sie maßgeblichen Verfahren und Anforderungen näher festlegen.

(5) Das für Kommunales zuständige Ministerium wird ermächtigt, durch Rechtsverordnung, nähere Vorschriften über die Vorausset-

zungen der Ansprüche nach § 45 Absatz 1 zu treffen und insbesondere die Höhe der zu gewährenden Aufwandsentschädigung durch Festlegung unter anderem von Regelstundensätzen, Höchstbeträgen, Monatspauschalen und Sitzungsgeldern festzusetzen.

§ 134
Übergangsregelungen

(1) Die in § 7 Absatz 6 Satz 1 genannte Frist gilt für alle ab dem 15. Dezember 2021 verkündeten Satzungen und ortsrechtlichen Bestimmungen. Für alle vorher verkündeten Satzungen und ortsrechtlichen Bestimmungen gelten die zum Zeitpunkt der Bekanntmachung geltenden Fristen.

§ 135
Inkrafttreten

Das Gesetz tritt am 17. Oktober 1994 in Kraft. § 108b tritt mit Ablauf des 28. Februar 2026 außer Kraft.

Verordnung über die Durchführung
digitaler und hybrider Sitzungen kommunaler Vertretungen
(Digitalsitzungsverordnung – DigiSiVO)
vom 27. April 2022 (GV. NRW S. 712/SGV. NRW. 2023)

Auf Grund des § 133 Absatz 4 Satz 1 der Gemeindeordnung für das Land Nordrhein-Westfalen in der Fassung der Bekanntmachung vom 14. Juli 1994 (GV. NRW. S. 666), der durch Artikel 1 Nummer 21 des Gesetzes vom 13. April 2022 (GV. NRW S. 489) eingefügt worden ist, verordnet das Ministerium für Heimat, Kommunales, Bau und Gleichstellung im Benehmen mit dem für Kommunales zuständigen Ausschuss des Landtags und mit der oder dem Beauftragten der Landesregierung Nordrhein-Westfalen für Informationstechnik:

§ 1

Geltungsbereich

Diese Verordnung gilt gemäß § 47a Absatz 2 der Gemeindeordnung für das Land Nordrhein-Westfalen in der Fassung der Bekanntmachung vom 14. Juli 1994 (GV. NRW. S. 666) in der jeweils geltenden Fassung für digitale und hybride Sitzungen der Vertretungen und Ausschüsse der Gemeinden, Kreise, Landschaftsverbände, des Regionalverbands Ruhr sowie der Zweckverbände nach dem Gesetz über kommunale Gemeinschaftsarbeit Nordrhein-Westfalen in der Fassung der Bekanntmachung vom 1. Oktober 1979 (GV. NRW. S. 621) in der jeweils geltenden Fassung.

Amtliche Begründung (LT-Vorlage 17/6578)

Zu § 1 (Geltungsbereich)

§ 1 beschreibt den Geltungsbereich der nachfolgenden Regelungen dieser Verordnung. Diese Verordnung macht Vorgaben für die beiden gesetzlich in Betracht kommenden digitalförmigen Sitzungsformate, nämlich digitale Sitzungen gemäß § 47a Absatz 2 Satz 1 GO NRW und hybride Sitzungen gemäß § 47a Absatz 2 Satz 3 GO NRW. Die Vorgaben gelten für digitale und hybride Sitzungen in diesem Sinne der Vertretungen und Ausschüsse der Gemeinden, Kreise, Landschaftsverbände, des Regionalverbands Ruhr, des Landesverbands Lippe sowie der Zweckverbände nach dem Gesetz über kommunale Gemeinschaftsarbeit. Von dem Begriff der Vertretung sind neben den Räten, Kreistagen, den Landschaftsversammlungen der Landschaftsverbände und den Verbandsversammlungen des Regionalverbands Ruhr und des Landesverbands Lippe auch die gewählten Bezirksvertretungen nach § 36 GO NRW und Integrationsgremien der Gemeinden nach § 27 GO NRW erfasst. Unter den Begriff der Ausschüsse fallen alle pflichtigen und freiwilligen Ausschüsse als Untergliederungen der Vertretungskörperschaften. Keine verbindliche Geltung beansprucht die Verordnung für Sitzungen der Fraktionen und sonstiger, nicht an den Öffentlichkeitsgrundsatz gebundener Gremien. Gleichwohl erscheint es für die Funktionsfähigkeit und insbesondere die Datensicherheit und den Datenschutz bei der digitalen Arbeit solcher Gremien empfehlenswert, sich an den Vorgaben und Anforderungen dieser Verordnung zu orientieren und nach dieser Verordnung zugelassene Anwendungen einzusetzen.

§ 2

Durchführung digitaler und hybrider Sitzungen

(1) Digitale und hybride Sitzungen sind mit Unterstützung einer zugelassenen Anwendung zur Bild-Ton-Übertragung (Videokonferenzsystem) sowie einer zugelassenen Anwendung zur Durchführung digitaler Abstimmungen (Abstimmungssystem) durchzuführen. Videokonferenzsystem und Abstimmungssystem sollen aufeinander abgestimmt oder, soweit möglich, in einer Anwendung integriert sein.

(2) Die eingesetzten Anwendungen nach Absatz 1 müssen die Funktionalitäten bereitstellen, die zur Einhaltung der verbindlichen Verfahren und Vorgaben für die jeweilige Gremiensitzung erforderlich sind. Sie müssen es der Sitzungsleitung technisch ermöglichen, die Ordnung in den Sitzungen herzustellen und durchzusetzen.

(3) Für die Sitzungsleitung, die Gremienmitglieder und im Fall einer öffentlichen Sitzung auch für die Öffentlichkeit muss jederzeit

DigiSiVO

durch Bildübertragung, namentliche Anzeige oder geeignete Darstellung nachvollziehbar sein, welche Gremienmitglieder aktuell zugeschaltet sind und an der Sitzung teilnehmen.

(4) Bei Wortbeiträgen müssen die Gremienmitglieder mit Bild und Ton, im Übrigen sollen sie im Rahmen der Darstellungsmöglichkeiten mit Bild für alle anderen Gremienmitglieder, die Sitzungsleitung und im Fall einer öffentlichen Sitzung auch für die Öffentlichkeit wahrnehmbar sein. Den teilnehmenden Gremienmitgliedern muss es jederzeit während der Sitzung technisch möglich sein, die Wahrnehmbarkeit mit Bild und Ton herzustellen.

(5) Die Übermittlung der Zugangsdaten, die den Gremienmitgliedern und den übrigen Teilnahmeberechtigten im gebotenen Umfang den Zugang zum Videokonferenzsystem und zum Abstimmungssystem ermöglichen, erfolgt elektronisch. Es ist sicherzustellen, dass nur Berechtigte Kenntnis von den Zugangsdaten erhalten.

Amtliche Begründung (LT-Vorlage 17/6578)

Zu § 2 (Durchführung digitaler und hybrider Sitzungen)

§ 2 macht allgemeine Vorgaben für die technische Umsetzung digitaler und hybrider Sitzungen. § 2 Absatz 1 Satz 1 definiert die in der Verordnung verwendeten Begriffe des Videokonferenzsystems als zugelassene Anwendung zur Bild-Ton-Übertragung und des Abstimmungssystems als zugelassene Anwendung zur Durchführung digitaler Abstimmungen. Es wird zudem festgelegt, dass digitale und hybride Sitzungen der von § 1 bezeichneten Gremien mithilfe solcher Anwendungen durchzuführen sind. Bei dem Videokonferenz- und dem Abstimmungssystem handelt es sich also um Softwareanwendungen, die dazu dienen, die kommunalverfassungsrechtlichen Beratungen, Beschlussfassungen und sonstigen Abläufe technisch abzubilden und durch Datenübertagung in einem digitalen Raum zu ermöglichen, und dazu auf geeigneter Hardware betrieben werden.

§ 2 Absatz 1 Satz 2 legt fest, dass das eingesetzte Videokonferenzsystem und das eingesetzte Abstimmungssystem entweder aufeinander abgestimmt oder im Rahmen des technisch Möglichen in einer Anwendung integriert sein sollen. Damit kommt zum Ausdruck, dass es sowohl möglich ist, dass beide Anwendungen in Form von separaten Softwareprodukten eingesetzt werden, als auch eine Integration beider Anwendungen in einer Softwarelösung in Betracht kommt. Werden zwei separate Softwareprodukte für die Videokonferenz und die Abstimmungen eingesetzt, sollen die Produkte aufeinander abgestimmt sein, also sinnvoll, praktisch handhabbar und mit vollem Funktionsumfang gleichzeitig nebeneinander betrieben und bedient werden können. Damit soll ausgeschlossen werden, dass für sich genommen funktionsfähige Produkte eingesetzt werden, die aber im Zusammenspiel zu technischen oder praktischen Schwierigkeiten führen, die die Sitzungsabläufe beeinträchtigen. Soweit technisch möglich, kommt insbesondere auch eine integrierte Softwarelösung in Betracht, die die digitale Durchführung sowohl der Beratungen als auch der Abstimmungen ermöglicht. Die im Rahmen des vom Ministerium für Heimat, Kommunales, Bau und Gleichstellung durchgeführten Modellprojekts „Digitale und hybride Gremiensitzungen" gewonnenen Erkenntnissen deuten aber aktuell darauf hin, dass eher wenige solcher integrierten Produkte auf dem Markt existieren und zudem die kumulative Erfüllung der Anforderungen an beide Systemkomponenten derzeit vergleichsweise anspruchsvoll ist.

§ 2 Absatz 2 Satz 1 legt allgemein fest, dass die eingesetzten Anwendungen nach Absatz 1 alle technischen Funktionalitäten bereitstellen müssen, die zur Einhaltung der verbindlichen Verfahren und Vorgaben für die jeweilige Gremiensitzung erforderlich sind. Dies korrespondiert mit der gesetzlichen Anforderung aus § 47a Absatz 4 Satz 1 GO NRW, dass digitalförmige Sitzungen nur zulässig sind, wenn und soweit die erforderlichen technischen Voraussetzungen für ihre Durchführung vorliegen. Erforderlich ist also, dass alle vorgeschriebenen Abläufe und Handlungsmöglichkeiten technisch so abgebildet und ermöglicht werden, dass die zu beachtenden rechtlichen Vorgaben entsprechend erfüllt werden. Das gilt insbesondere, aber nicht nur, für die Vorgaben des Kommunalverfassungsrechts an Sitzungen kommunaler Gremien. § 2 Absatz 2

DigiSiVO

Satz 2 stellt im Speziellen heraus, dass insbesondere der Sitzungsleitung die Herstellung und erforderlichenfalls die Durchsetzung der Sitzungsordnung technisch möglich sein muss. Das umfasst auch die technisch gegebene Möglichkeit, Ordnungsmaßnahmen zum Beispiel in Form von Sitzungsausschlüssen im digitalen Raum um- und durchzusetzen. Über die systemtechnischen Anforderungen hinaus sind auch organisatorische Regelungen vor Ort zu treffen, die der Sitzungsleitung die Herstellung der Ordnung in den Sitzungen im digitalen und hybriden Kontext ermöglichen. Dies sind insbesondere Vereinbarungen zur Berücksichtigung der Würde des Mandats bei den sichtbaren Bildausschnitten der Gremienmitglieder zur zulässigen Nutzung von Funktionalitäten der Anwendungen wie Chatfunktionen und optischen Beifalls- oder Ablehnungsbekundungen. Da die Sitzungsleitung in digitalen und hybriden Sitzungen einen höheren Grad an Komplexität aufweist als in reinen Präsenzsitzungen, kann es zudem sinnvoll sein, dass die Sitzungsleitung vor und während der Sitzung bei der Wahrnehmung ihrer Aufgaben administrativ durch die Verwaltung unterstützt wird.

§ 2 Absatz 3 gibt vor, dass jederzeit durch Bildübertragung, namentliche Anzeige oder geeignete Darstellung nachvollziehbar sein muss, welche Gremienmitglieder aktuell zugeschaltet sind und an der Sitzung teilnehmen. Diese Anforderung dient verschiedenen Zwecken. Insbesondere soll sie der Sitzungsleitung ermöglichen, die digitale Teilnahme der einzelnen Gremienmitglieder festzustellen, an die gemäß § 47a Absatz 2 Satz 2 GO NRW die Fiktion der Anwesenheit anknüpft und die damit zum Beispiel auch Grundlage für die Bestimmung von gesetzlichen Quoren und die Bemessung von Entschädigungsansprüchen sein kann. Darüber hinaus soll die Nachvollziehbarkeit der Teilnahme auch für die in öffentlicher digitaler Sitzung teilnehmende Öffentlichkeit sichergestellt sein, die erkennen können muss, welche Gremienmitglieder mitwirken. Auch für die übrigen Gremienmitglieder und sonstigen Teilnehmerinnen und Teilnehmer muss feststellbar sein, wer zu welcher Zeit teilnimmt und mitwirkt. Nicht erforderlich für die Teilnahme per Bild-Ton-Übertragung und damit die Anwesenheit ist, dass durchgängig eine für alle sichtbare Bild-Wiedergabe stattfindet. Ausreichend ist die Möglichkeit des einzelnen Gremienmitglieds, sich jederzeit mit Ton und Bild in der Sitzung bemerkbar machen zu können (vgl. § 2 Absatz 4 Satz 2). Für Übertragungsstörungen und den Umgang mit diesen trifft § 10 Festlegungen.

§ 2 Absatz 4 Satz 1 gibt vor, dass die Gremienmitglieder bei eigenen Wortbeiträgen mit Bild und Ton für alle anderen Gremienmitglieder, die Sitzungsleitung und im Fall einer öffentlichen Sitzung auch für die Öffentlichkeit wahrnehmbar sein müssen. Bei der Anforderung der Sicht- und Hörbarkeit bei eigenen Wortbeiträgen handelt es sich um eine Grundvoraussetzung für die Herstellung der Sitzungsöffentlichkeit und die Ermöglichung demokratischer Beratungen und Debatten und damit der Mandatsausübung. Dabei müssen Ton- und Bildübertragung eine Wiedergabequalität ermöglichen, die es den Sitzungsteilnehmerinnen und Sitzungsteilnehmern ermöglicht, das gesprochene Wort, die Mimik und gegebenenfalls Gestik der oder des Redenden zu verfolgen und inhaltlich wahrzunehmen. Im Umkehrschluss ausgeschlossen ist damit die Übertragung nur des Bilds, aber auch die Übertragung nur des Tons des redenden Gremienmitglieds. Letzteres wäre zwar denkbar, würde im Ergebnis aber Beratungen in Form einer Telefonkonferenz zulassen, was den Anforderungen an eine öffentliche, transparente und interdependent geprägte Beratung nicht genügt. Über die Anforderungen der Wahrnehmbarkeit der jeweils Redenden hinaus, gibt § 2 Absatz 4 Satz 2 vor, dass die teilnehmenden Gremienmitglieder jederzeit über die Möglichkeit verfügen müssen, die eigene Wahrnehmbarkeit in Bild und Ton herzustellen, also auch dann, wenn ihnen gerade nicht das Wort erteilt ist. Diese Anforderung folgt aus dem freien Mandat, das den Gremienmitgliedern, wie in einer Präsenzsitzung, ermöglichen soll, jederzeit verbal oder nonverbal zu kommunizieren. Das erfordert ein Zusammenspiel der eingesetzten Hardware, der Datenübertragung einschließlich ihrer Bandbreite und der verwendeten Software, die diese Möglichkeit zumindest nicht systemseitig ausschließen darf. Die Anforderung gilt nicht für Gremienmitglieder, die aus speziellen Gründen ganz oder teilweise von einer Teilnahme ausgeschlossen sind, etwa wegen eigener Befangenheit (vgl. § 6) oder aufgrund von Ordnungsmaßnahmen (vgl. Absatz 2 Satz 2).

Nach § 2 Absatz 5 erfolgt die Übermittlung der Zugangsdaten zum Videokonferenzsystem sowie zum Abstimmungssystem an die Gremienmitglieder elektronisch, soweit dies zur Mitwirkung an der jeweiligen Sitzung erforderlich ist. Damit wird sichergestellt, dass kein Medienbruch zwischen Erhalt und Einsatz der Zugangsdaten für die Sitzungsteilnahme und die Abstimmungsteilnahme erfolgt. Zugleich wird mit der Formulierung klargestellt, dass der Zugang nur insoweit gewährt wird, wie dies für die jeweilige Ausübung des Mandats oder Amtes erforderlich ist, also ein Rechte- und Rollenkonzept zu Grunde zu legen ist. Regelmäßig dürfte jeweils ein Zugang zum Videokonferenz- und zum Abstimmungssystem zur Verfügung zu stellen sein, damit die Gremienmitglieder an den Beratungen und Abstimmungen in der Sitzung teilnehmen können. Denkbar ist aber auch, dass nur ein Zugang zum Videokonferenzsystem hergestellt werden muss, wenn das jeweilige Gremienmitglied (z. B. eine sachkundige Einwohnerin bzw. ein sachkundiger Einwohner) in der Sitzung kein Stimmrecht hat oder aus anderen Gründen (z. B. Befangenheit) nicht an den Abstimmungen teilnehmen darf. Auch denkbar ist, dass nur ein Zugang zum Abstimmungssystem bestehen muss. Das ist der Fall für in Präsenz anwesende Gremienmitglieder in hybriden Sitzungen, die aber für geheime Abstimmungen gleichwohl einen Zugang zum digitalen Abstimmungssystem benötigen, damit alle Gremienmitglieder einheitlich geheim über das Abstimmungssystem abstimmen können. Es ist sicherzustellen, dass nur Berechtigte Kenntnis von den jeweiligen Zugangsdaten erhalten. Das gilt in besonderem Maße für die Einwahldaten zum Abstimmungssystem, um unbefugte Einwirkungen auf Abstimmungen auszuschließen, aber auch mit Blick auf datenschutzrechtliche Erfordernisse für Einwahldaten zum Videokonferenzsystem, wenn vertrauliche Informationen behandelt werden sollen.

§ 3

Öffentlichkeit in digitalen Sitzungen

(1) Die Öffentlichkeit erhält die Information über den Zugang zu digitalen Sitzungen in der durch Geschäftsordnung festzulegenden Form. Die Teilnahme erfolgt über einen geschützten Zugang, bei dem die Zugangsmöglichkeit nach vorheriger Anmeldung innerhalb einer in der Geschäftsordnung festzulegenden angemessenen Frist regelmäßig in Form eines Zugangslinks elektronisch mitgeteilt und eröffnet wird. Vor Eröffnung der digitalen Zugangsmöglichkeit ist darauf hinzuweisen, dass die Aufzeichung und Weiterverbreitung der Sitzung oder Teilen davon untersagt ist. Personen, die nicht über einen eigenen Internetzugang verfügen, soll auf rechtzeitige Anfrage ein Angebot bereitgestellt werden, das diesen ein Verfolgen der Sitzung in geeigneten Räumlichkeiten ermöglicht.

(2) Die Durchführung von Einwohnerfragestunden in digitalen Sitzungen ist möglich, sofern der Öffentlichkeit ein geschützter Zugang mit Rederecht eingeräumt ist. Alternativ kann die Gelegenheit eingeräumt werden, Fragen zur Einwohnerfragestunde auf elektronischem Wege innerhalb einer zu bestimmenden Frist vor oder während der Fragestunde einzureichen. Das Nähere regelt die Geschäftsordnung.

(3) Die Beratung von Gegenständen unter Ausschluss der Öffentlichkeit ist in digitaler Sitzung zulässig. Die eingesetzte Videokonferenzsoftware muss einen Ausschluss der Öffentlichkeit zuverlässig ermöglichen. Ist die Öffentlichkeit von der Beratung ausgeschlossen, haben die digital teilnehmenden Gremienmitglieder in ihrem Verantwortungsbereich den erforderlichen Datenschutz sicherzustellen und am Ort ihrer Sitzungsteilnahme zu verhindern, dass Dritte die Inhalte der nichtöffentlichen Beratung ganz oder teilweise wahrnehmen können. Diese Pflicht ist Bestandteil der Verschwiegenheitspflicht nach § 30 Absatz 1 der Gemeindeordnung für das Land Nordrhein-Westfalen. Vor Beginn eines nichtöffentlichen Sitzungsteils hat die Sitzungsleitung die Gremienmitglieder auf ihre Pflichten hinzuweisen und ihnen Gelegenheit zu geben, die erforderlichen Voraussetzungen herzustellen.

DigiSiVO

Zu § 3 (Öffentlichkeit in digitalen Sitzungen)

§ 3 macht Festlegungen zur Herstellung der Öffentlichkeit in digitalen Sitzungen. Während bei hybriden Sitzungen die Sitzungsöffentlichkeit durch Zutritts- und Teilnahmemöglichkeit im Sitzungssaal hergestellt wird, in dem die Sitzungsleitung und die nicht digital teilnehmenden Gremienmitglieder körperlich anwesend sind, besteht bei digitalen Sitzungen die Notwendigkeit, die Sitzungsöffentlichkeit ebenfalls digital herzustellen. § 3 Absatz 1 Satz 1 setzt zudem die Vorgabe aus § 47 Absatz 2 Satz 1 GO NRW klarstellend um, dass die Öffentlichkeit die Information über den Zugang zu digitalen Sitzungen in der durch die Geschäftsordnung festzulegenden Form erhält. Die Information kann insbesondere im Rahmen der öffentlichen Bekanntmachung von Zeit und Ort der Sitzung gemäß § 48 Absatz 1 Satz 4 GO NRW erfolgen, muss aber in jedem Falle öffentlich sowie leicht und barrierefrei für die Allgemeinheit zugänglich sein. § 3 Absatz 1 Satz 1 legt weiter fest, dass die Teilnahme über einen geschützten Zugang erfolgt, was regelmäßig in Form der elektronischen Zuleitung eines Zugangslinks nach vorheriger Anmeldung erfolgt. Damit wird klargestellt, dass regelmäßig eine vorherige Anmeldung erfolgt, in jedem Fall aber ein geschützter individueller Zugang bereitzustellen ist. Damit ist ausgeschlossen, dass die Öffentlichkeit zur Teilnahme ausschließlich auf einen öffentlichen und frei zugänglichen Livestream im Internet verwiesen wird, dem auch aus datenschutzrechtlichen Gründen der geschützte Zugang vorzuziehen ist. Unbeschadet bleibt die bereits gegebene Möglichkeit, in eigener Verantwortung unter Beachtung des Datenschutzrechts, das grundsätzlich eine Einwilligung vor der Übertragung erfordert, Sitzungen oder Teile dieser im Internet per freiem Livestream zu übertragen. § 3 Absatz 1 Satz 3 verpflichtet die Kommune, die öffentlichen Teilnehmerinnen und Teilnehmer vor der Eröffnung der digitalen Zugangsmöglichkeit auf das Verbot unberechtigter Aufzeichnungen aus der Sitzung und der Weiterverbreitung dieser hinzuweisen. Dieser Hinweis wird regelmäßig im Zusammenhang mit einer Anmeldung zur Sitzungsteilnahme erfolgen können. Wünschenswert wäre es, wenn eine solche Aufzeichnung bereits systemseitig unterbunden werden könnte. Bei Verstoß dagegen kommt eine Ordnungswidrigkeit nach § 33 Absatz 1 Datenschutzgesetz Nordrhein-Westfalen in Betracht. § 3 Absatz 1 Satz 4 bestimmt, dass die Kommune Personen, die nicht über einen eigenen Internetzugang verfügen, auf rechtzeitige Anfrage ein Angebot bereitstellen soll, das diesen ein Verfolgen der Sitzung in geeigneten Räumlichkeiten ermöglicht. Interessierte Personen, die sich mangels eigener Internetanbindung nicht digital in die Sitzung einwählen können und hierfür auch nicht auf die Unterstützung Dritter zurückgreifen können oder wollen, können eine formlose Anfrage an die Kommune dahingehend richten, dass ihnen das Verfolgen der Sitzung in geeigneten Räumlichkeiten ermöglicht wird. In Betracht kommt insbesondere die Übertragung der Sitzung in einen öffentlich zugänglichen Raum, z. B. den Sitzungssaal. Möglich ist aber auch die Übertragung oder Herstellung einer Verbindung in einem anderen Raum, der ohne Schwierigkeiten und mit zumutbarem Aufwand aufgesucht und betreten werden kann, um die Sitzung zu verfolgen. Hierdurch soll sichergestellt werden, dass auch Bevölkerungsgruppen ohne Internetzugangsmöglichkeit die Sitzung mit einem Aufwand verfolgen können, der über das Aufsuchen des Sitzungssaals nicht hinausgeht. Aus Gründen der Ressourcenschonung muss die Bereitstellung mit Blick auf die breite Ausstattung aller Bevölkerungteile mit Internetzugängen nur auf Anfrage erfolgen, sodass bei fehlender Nachfrage keine unnötigen Vorkehrungen zu treffen sind. Dabei muss sichergestellt sein, dass in kurzer Zeit die Möglichkeit zum Verfolgen der Sitzung hergestellt werden kann, sodass auch auf spontane Anfragen reagiert werden kann.

§ 3 Absatz 2 Satz 1 stellt klar, dass auch die Durchführung von Einwohnerfragestunden in digitalen Sitzungen möglich ist, wenn der Öffentlichkeit ein geschützter Zugang mit Rederecht eingeräumt ist. Das kann insbesondere durch die Bereitstellung von Zugangsmöglichkeiten zum Videokonferenzsystem mit Rederechten erfolgen. Alternativ lässt § 3 Absatz 2 Satz 2 aber auch zu, dass Fragen zur Einwohnerfragestunde auf elektronischen Wege eingereicht werden, wobei eine Einreichungsfrist festgelegt werden kann. Denkbar ist danach auch, dass Kommunen es im Rahmen einer digitalen Einwohnerfragestunde zulassen, dass Fragen über die Chatfunktion des Videokonferenzsystems gestellt werden, was aber Regeln und eine angemessene Moderation voraussetzen dürfte.

Es wird durch § 3 Absatz 3 Satz 1 klargestellt, dass die Beratung von Gegenständen unter Ausschluss der Öffentlichkeit in digitaler Sitzung zulässig ist. Grundvoraussetzung ist dafür nach § 3 Absatz 3 Satz 2, dass die eingesetzte Videokonferenzsoftware einen Ausschluss der Öffentlichkeit technisch zuverlässig ermöglicht. Das Videokonferenzsystem und das Abstimmungssystem müssen also systemseitig sicherstellen können, dass während nichtöffentlicher Sitzungsteile jederzeit nachvollzogen und überprüft werden kann, dass ausschließlich die Teilnahmeberechtigten über ihre Zugänge zugeschaltet sind und die Möglichkeit haben, die Sitzungs- und Abstimmungsinhalte zur Kenntnis zu nehmen. Da systemseitig nicht sichergestellt werden kann, von wem die Inhalte auf den Endgeräten der Teilnahmeberechtigten wahrgenommen werden, sind nach § 3 Absatz 3 Satz 3 die digital teilnehmenden Gremienmitglieder verpflichtet, in ihrem Verantwortungsbereich den erforderlichen Datenschutz sicherzustellen und am Ort ihrer digitalen Sitzungsteilnahme zu verhindern, dass Dritte die Inhalte der nicht öffentlichen Beratung ganz oder teilweise wahrnehmen können. Es ist von ihnen mit geeigneten Vorkehrungen sicherzustellen, dass keine Möglichkeit besteht, dass Dritte von den vertraulichen Inhalten Kenntnis erhalten. Das kann das Aufsuchen und ggf. Verschließen geeigneter Räumlichkeiten sowie den Einsatz geeigneter technischer Hilfsmittel (Kopfhörer) umfassen, betrifft aber auch denkbare externe Zugriffe auf die verwendeten Endgeräte. Nicht zulässig ist insbesondere bei digitalen nichtöffentlichen Beratungen die Teilnahme vom öffentlichen Raum oder von anderen Orten aus, an denen diese Anforderungen nicht erfüllt werden können. § 3 Absatz 3 Satz 4 stellt klar, dass die Pflicht nach Satz 3 Bestandteil der Verschwiegenheitspflicht nach § 30 Absatz 1 der Gemeindeordnung für das Land Nordrhein-Westfalen ist. Vor Beginn eines nichtöffentlichen Sitzungsteils hat die oder der Vorsitzende die

Gremienmitglieder auf ihre Pflichten hinzuweisen und ihnen Gelegenheit zu geben, die erforderlichen Voraussetzungen herzustellen. Bei Verletzung der Pflicht kommt gemäß § 30 Absatz 6 GO NRW daher insbesondere eine Ordnungswidrigkeit nach § 29 Absatz 3 GO NRW in Betracht.

§ 4
Abstimmungen und Wahlen

(1) Das Abstimmungssystem muss das Stimmverhalten der Stimmberechtigten bei offenen oder namentlichen Abstimmungen für die Sitzungsleitung, die anderen Gremienmitglieder und die Öffentlichkeit erkennen und nachvollziehen lassen. Der Verzicht auf den Einsatz eines Abstimmungssystems ist abweichend von § 2 Absatz 1 Satz 1 zulässig, wenn die Voraussetzungen des Satzes 1 im Rahmen der digitalen und hybriden Sitzungsdurchführung auf andere geeignete Weise erfüllt werden.

(2) Die Durchführung geheimer Abstimmungen oder Wahlen ist in einer digitalen oder hybriden Sitzung nur zulässig, wenn durch das eingesetzte Abstimmungssystem technisch sichergestellt ist, dass die Anforderungen an das Verfahren eingehalten werden können, insbesondere die Vertraulichkeit der digitalen Stimmabgabe gewährleistet bleibt und die wesentlichen Schritte der Abstimmungsbeziehungsweise Wahlhandlung und der Ergebnisermittlung zuverlässig und ohne besondere Sachkenntnis überprüft werden können. Wird geheim abgestimmt, darf nur das Abstimmungsergebnis erkennbar sein. Ist die Einhaltung der Anforderungen nach Satz 1 nicht sichergestellt, sind geheime Abstimmungen im Nachgang zur digitalen oder hybriden Sitzung durch Abgabe von Stimmzetteln per Briefwahl durchzuführen und das Ergebnis in die Niederschrift aufzunehmen. Neben den Gremienmitgliedern ist auch die Öffentlichkeit über das Stimmergebnis zu informieren, soweit nicht im Einzelfall etwas anderes beschlossen wird. Für die durch Bild-Ton-Übertragung teilnehmenden Gremienmitglieder gilt bei Beratungen unter Ausschluss der Öffentlichkeit § 3 Absatz 3 entsprechend.

DigiSiVO

Zu § 4 (Abstimmungen und Wahlen)

§ 4 trifft Festlegungen zur Umsetzung von offenen und geheimen Abstimmungen und Wahlen in digitalen und hybriden Sitzungen. Spezielle Regelungen zur Durchführung geheimer Abstimmungen in hybriden Sitzungen trifft § 5 Absatz 2.

§ 4 Absatz 1 legt technische Mindestanforderungen mit Blick auf digitale Abstimmungen fest. Das Abstimmungssystem muss nach § 4 Absatz 1 Satz 1 das Abstimmungsverhalten der Stimmberechtigten bei offenen oder namentlichen Abstimmungen für die Sitzungsleitung, die anderen Gremienmitglieder und die Öffentlichkeit jederzeit erkennen lassen. Das setzt voraus, dass das im Abstimmungssystem gezeigte Abstimmungsverhalten digital für alle sicht- und feststellbar wird. Hierzu kann es notwendig sein, eine geeignete Darstellung des Abstimmungsverhaltens über das Videokonferenzsystem sichtbar zu machen, sodass Sitzungsleitung, Gremienmitglieder und Öffentlichkeit das Abstimmverhalten während der Sitzung erkennen und mitverfolgen können. Dabei muss grundsätzlich das Maß nach Transparenz und Mitverfolgbarkeit erreicht werden, das bei der jeweiligen Abstimmungsart auch in Präsenzsitzungen bestehen würde. Nicht erforderlich ist also zum Beispiel eine namentliche Darstellung des Abstimmverhaltens aller Abstimmenden bei offenen Abstimmungen. Die digitale Umsetzung muss der Sitzungsleitung eine sichere Feststellung und Protokollierung des Abstimmungsverhaltens ermöglichen. Zu diesem Zweck kann sich die Darstellung des Abstimmungsverhaltens für die Sitzungsleitung auf der einen und für die Gremienmitglieder und die Öffentlichkeit auf der anderen Seite auch in ihrer Weise unterscheiden. Gleichzeitig soll die Vorgabe Raum für individuelle technische Lösungen vor Ort lassen, auch in Abhängigkeit von der Größe der Gremien und der Art der Abstimmungen. § 4 Absatz 1 Satz 2 lässt abweichend von dem Grundsatz des Satzes 1 zu, dass auf den Einsatz eines Abstimmungssystems verzichtet werden darf, wenn die Voraussetzungen des Satzes 1 im Rahmen der digitalen und hybriden Sitzungsdurchführung auf andere geeignete Weise erfüllt werden. Kann die durch Satz 1 geforderte Transparenz und Mitverfolgbarkeit bei dem jeweiligen Gremium oder in der jeweiligen Sitzung auch ohne Einsatz eines Abstimmungssystems sichergestellt werden, so können die Abstimmungen auch auf anderem Wege erfolgen. Denkbar ist zum Beispiel, dass auf den Einsatz eines Abstimmungssystems verzichtet wird, wenn ein kleines Gremium tagt und/oder lediglich offene Abstimmungen durchgeführt werden, sodass eine Feststellbarkeit des Abstimmungsverhaltens durch Handzeichen oder andere optische Signale hergestellt wird, was voraussetzen kann, dass alle Abstimmenden gleichzeitig bei der Abstimmung mit ihrem Bild übertragen werden. Empfehlenswert sind hierfür Videokonferenzlösungen, die eine Gruppierung der Bildübertragungen der Gremienmitglieder analog zur Sitzordnung im Sitzungssaal ermöglichen. Bestehen Zweifel, ob die Voraussetzungen anders sichergestellt werden können, ist ein zugelassenes Abstimmungssystem einzusetzen.

§ 4 Absatz 2 bestimmt den Umgang mit geheimen Abstimmungen in digitalen oder hybriden Sitzungen. Wird ein Abstimmungssystem verwendet, ersetzt die digitale Stimmabgabe den Stimmzettel nach § 50 Absatz 2 Satz 1 GO NRW. § 4 Absatz 2 Satz 1 legt als Voraussetzung für die Zulässigkeit der Durchführung geheimer Abstimmungen und Wahlen in digitalen und hybriden Sitzungen fest, dass das eingesetzte Abstimmungssystem die verfahrensmäßigen Anforderungen an das geheime Wahlverfahren sicherstellen muss. Insbesondere erforderlich ist, dass dabei die Vertraulichkeit der digitalen Stimmabgabe gewährleistet bleibt und die wesentlichen Schritte der Abstimmungs- bzw. Wahlhandlung und der Ergebnisermittlung zuverlässig und ohne besondere Sachkenntnis überprüft werden können. Es muss mithin schon softwareseitig sichergestellt sein, dass bei geheimen Abstimmungen niemand erkennen oder nachträglich nachweisen kann, welche Abstimmungsteilnehmerin bzw. Abstimmungsteilnehmer wie abgestimmt hat (Trennung von Stimme und Kennzeichnung der oder des Abstimmenden), und die einzelnen digitalen Wahlhandlungsschritte verifizierbar sind (Ende-zu-Ende-Verifizierbarkeit, vgl. zu den Anforderungen auch: Bundesamt für Sicherheit in der Informationstechnik, Anforderungen an Produkte

DigiSiVO

für virtuelle Versammlungen und Abstimmungen – Virtuelle Versammlungen und Abstimmungen (ViVA), Version 1.0, Abschnitt 4.3). Mit § 4 Absatz 2 Satz 2 wird in Konkretisierung von Satz 1 und Abweichung von § 4 Absatz 1 Satz 1 klargestellt, dass bei geheimen Abstimmungen nur das Abstimmungsergebnis erkennbar sein darf. Diese Anforderung richtet sich an die technische Ausgestaltung des Abstimmungssystems und ist klarstellender Art. § 4 Absatz 2 Satz 3 stellt weiter klar, dass bei Nichteinhaltung der Anforderungen nach Satz 1 geheime Abstimmungen nicht in der digitalen oder hybriden Sitzung, sondern im Nachgang zu dieser durch Abgabe von Stimmzetteln per Briefwahl durchzuführen sind. In diesem Fall ist das Abstimmungsergebnis in die Niederschrift aufzunehmen und, soweit nichts anderes beschlossen wird, die Öffentlichkeit über das Stimmergebnis zu informieren, um die erforderliche Transparenz über das Ergebnis der geheimen Wahl herzustellen.

§ 5

Hybride Sitzungen

(1) Bei hybriden Sitzungen sind die Sitzungsleitung und die Öffentlichkeit sowie die nicht durch Bild-Ton-Übertragung teilnehmenden Gremienmitglieder im Sitzungssaal anwesend. Durch die geeignete Aufnahme- und Übertragungstechnik ist sicherzustellen, dass die Sitzungsleitung und Wortbeiträge der Gremienmitglieder für alle digital und vor Ort teilnehmenden Gremienmitglieder sowie für die Öffentlichkeit optisch und akustisch gleichwertig wahrnehmbar sind.

(2) Bei geheimen Abstimmungen und Wahlen in hybriden Sitzungen ist für die Stimmabgabe der vor Ort anwesenden und der digital teilnehmenden Gremienmitglieder dasselbe Abstimmungssystem zu verwenden.

Amtliche Begründung (LT-Vorlage 17/6578)

Zu § 5 (Hybride Sitzungen)

Mit § 5 werden ergänzende Festlegungen für hybride Sitzungen getroffen. § 5 Absatz 1 Satz 1 greift die Beschreibung des Wesens hybrider Sitzungen aus § 47a Absatz 2 Satz 3 GO NRW auf und stellt ausführend klar, dass bei hybriden Sitzungen neben der Sitzungsleitung und den nicht durch Bild-Ton-Übertragung teilnehmenden Gremienmitgliedern auch die Öffentlichkeit physisch im Sitzungssaal anwesend ist. Damit ist zugunsten der klassischen Saalöffentlichkeit bei hybriden Sitzungen die Herstellung einer digitalen Öffentlichkeit nicht vorgesehen. Unbeschadet hiervon bleibt die Möglichkeit, im Rahmen des geltenden Rechts aus der hybriden Sitzung per Livestream zu übertragen (vgl. Erläuterung zu § 3). Gemäß § 5 Absatz 1 Satz 2 ist durch geeignete Aufnahme- und Übertragungstechnik sicherzustellen, dass die Sitzungsleitung und Wortbeiträge der Gremienmitglieder für alle Gremienmitglieder sowie für die Öffentlichkeit optisch und akustisch gleichwertig wahrnehmbar sind. Damit werden die besonderen technischen Anforderungen hybrider Sitzungen nicht nur an das Videokonferenzsystem, sondern auch an die Übertragungs- und Aufnahmetechnik vor Ort zum Ausdruck gebracht. Dadurch, dass ein Teil der Gremienmitglieder per Bild-Ton-Übertragung an der Sitzung teilnimmt, während die übrige Sitzung physisch im Sitzungssaal stattfindet, besteht die Notwendigkeit, Ton und Bild der digital Teilnehmenden im Sitzungssaal so wiederzugeben, dass alle vor Ort Anwesenden diese wahrnehmen können. Zugleich ist es notwendig, dass die vor Ort Teilnehmenden auch für die digital Zugeschalteten wahrnehmbar sind, was erfordert, dass die entsprechenden Teilnehmerinnen und Teilnehmer Beiträge mit geeigneter Kamera- und Mikrofontechnik vor Ort aufgenommen, übertragen und auf den Endgeräten der hybrid Teilnehmenden wiedergegeben werden. Herzustellen ist dabei lediglich eine gleichwertige Wahrnehmbarkeit. Insbesondere nicht erforderlich ist, dass die digital Teilnehmenden dauerhaft im Großformat wiedergegeben werden und erkennbar sind. Allerdings müssen die digital Teilnehmenden bei eigenen Redebeiträgen optisch und akustisch hinreichend deutlich im Sitzungssaal wahrgenommen werden können.

§ 5 Absatz 2 legt fest, dass bei geheimen Abstimmungen und Wahlen in hybriden Sitzungen für die Stimmabgabe aller Gremienmitglieder dasselbe Abstimmungssystem zu verwenden ist. Das bedeutet, dass zu diesem Zweck auch die vor Ort anwesenden Gremienmitglieder mit technischen Endgeräten und Zugängen zum Abstimmungssystem ausgestattet sein müssen. Ausgeschlossen wird damit, dass die vor Ort Anwesenden ihre Stimmen geheim auf Stimmzetteln und die digital Teilnehmenden diese über das Abstimmungssystem abgeben. Diese Vorgabe erfolgt, um durch ein einheitliches Abstimmungsverfahren die Revisionssicherheit der Wahlhandlung sicherzustellen und diesbezügliche Fehlerquellen auszuschließen.

§ 6
Befangene Gremienmitglieder

Die Sitzungsleitung hat durch geeignete Maßnahmen sicherzustellen, dass befangene Gremienmitglieder von der Mitwirkung an der Beratung und Abstimmung zu Tagesordnungspunkten im Videokonferenz- und Abstimmungssystem in dem gebotenen Umfang ausgeschlossen sind. Bei nichtöffentlichen Sitzungsteilen muss für die Sitzungsleitung und die übrigen Gremienmitglieder erkennbar sein, dass ein befangenes Gremienmitglied für die Dauer der Behandlung der Angelegenheit keinen Zugang zur digitalen oder hybriden Sitzung hat.

Amtliche Begründung (LT-Vorlage 17/6578)

Zu § 6 (Befangene Gremienmitglieder)

Durch § 6 wird der Umgang mit befangenen Gremienmitgliedern geregelt, die digital an der Sitzung teilnehmen. Nach § 6 Satz 1 ist sicherzustellen, dass befangene Gremienmitglieder von der Mitwirkung an der Beratung und Abstimmung im Videokonferenz- und Abstimmungssystem in dem gebotenen Umfang ausgeschlossen sind. Das erfordert, dass die technisch zuverlässige Möglichkeit gegeben sein muss, die Mitwirkungsrechte der digital Teilnehmenden zur gebotenen Zeit einzuschränken. Dies kann zum Beispiel durch eine entsprechende Änderung des Rollenkonzepts oder des Zugangs zum Videokonferenzsystem realisiert werden. Ist dem befangenen Mitglied der Verbleib in der Sitzung als Zuhörerin oder Zuhörer gestattet, ist es jedenfalls auch von der Nutzung nonverbaler Funktionalitäten wie ggf. einer Chatfunktion sowie Missfallens- und Zustimmungsbekundungen auszuschließen. Daneben sind bei Ausschluss aus der Sitzung wegen Befangenheit Vorkehrungen zu treffen, damit dem befangenen Gremienmitglied zuverlässig nach Abschluss der Behandlung der die Befangenheit auslösenden Angelegenheiten die Mitwirkung wieder ermöglicht werden kann. Nach § 6 Satz 2 muss bei nichtöffentlichen Sitzungsteilen für die Sitzungsleitung und die übrigen Gremienmitglieder erkennbar sein, dass ein befangenes Gremienmitglied für die Dauer der Behandlung der Angelegenheit keinen Zugang zur digitalen oder hybriden Sitzung hat. Denkbar ist dafür zum Beispiel der Einsatz einer Warteraumfunktion, die den Ausschluss des Gremienmitglieds erkennen lässt und den Wiedereintritt zu einem späteren Zeitpunkt ermöglicht.

§ 7

Datenschutz

(1) Die eingesetzten Anwendungen müssen der Datenschutz-Grundverordnung vom 27. April 2016 (ABl. L 119 vom 4.5.2016, S. 1; L 314 vom 22.11.2016, S. 72; L 127 vom 23.5.2018, S. 2; L 74 vom 4.3.2021, S. 35) in der jeweils geltenden Fassung sowie den weiteren einschlägigen datenschutzrechtlichen Vorgaben entsprechen. Die Gemeinde oder der Gemeindeverband trägt Sorge für die Einhaltung der bei Durchführung digitaler Sitzungen zu beachtenden datenschutzrechtlichen Vorgaben. Einer Zustimmung der Gremienmitglieder sowie von Angehörigen der Verwaltung zu Bild-Ton-Übertragungen, die erforderlich sind, um die Voraussetzungen des § 47a Absatz 2 und 5 der Gemeindeordnung für das Land Nordrhein-Westfalen sicherzustellen, bedarf es nicht.

(2) Die Zulässigkeit von Video- und Tonaufnahmen von digitalen Sitzungen mit dem Zweck der Veröffentlichung richtet sich nach der Maßgabe der Hauptsatzung.

(3) Den Teilnehmerinnen und Teilnehmern digitaler und hybrider Sitzungen sowie der Öffentlichkeit sind die wesentlichen sie betref-

fenden datenschutzrechtlichen Informationen und zu beachtenden Regularien vor Beginn der Sitzung in geeigneter Form zur Kenntnis zu bringen. Sofern Zustimmungen erforderlich sind, können diese elektronisch erteilt werden.

(4) Für im Rahmen von digitalen und hybriden Gremiensitzungen gespeicherten personenbezogene Daten sind Schutzanforderungen und Löschfristen festzulegen und zu überwachen.

Amtliche Begründung (LT-Vorlage 17/6578)

Zu § 7 (Datenschutz)

Mit § 7 werden Festlegungen zur Einhaltung datenschutzrechtlicher Anforderungen bei der Durchführung digitaler und hybrider Sitzungen getroffen. Die eingesetzten Anwendungen (Videokonferenzsystem und/oder Abstimmungssystem) müssen nach § 7 Absatz 1 Satz 1 der DSGVO und weiteren einschlägigen datenschutzrechtlichen Vorgaben entsprechen. Hierbei handelt es ich um eine Klarstellung, dass von den Softwareanwendungen und bei ihrem Einsatz in den digitalförmigen Sitzungen die jeweils gültigen Datenschutzanforderungen einzuhalten sind, soweit nicht durch die Vorgaben der GO NRW oder dieser Verordnung abweichende Festlegungen getroffen werden. § 7 Absatz 1 Satz 2 weist der Kommune die Verantwortung für die Einhaltung der bei Durchführung digitaler und hybrider Sitzungen zu beachtenden datenschutzrechtlichen Vorgaben zu. Soweit die Einhaltung datenschutzrechtlicher Vorgaben von der Mitwirkung der Gremienmitglieder abhängt oder von diesen zu sicherzustellen ist, hat die Kommune im Rahmen ihrer Möglichkeiten auf die Einhaltung durch diese hinzuwirken.

Darunter fallen auch Hinweise zum datenschutzkonformen Umgang mit der zur Verfügung gestellten Soft- und Hardware. Durch § 7 Absatz 1 Satz 3 wird klargestellt, dass es nicht erforderlich ist, dass die Gremienmitglieder oder gegebenenfalls die Angehörigen der Verwaltung Bild-Ton-Übertragungen zustimmen, die zwingend erforderlich sind, um die Voraussetzungen des § 47a Absätze

2 und 5 GO NRW sicherzustellen. Alle für die Durchführung digitaler und hybrider Sitzungen gebotenen und erforderlichen Datenverarbeitungsvorgänge, insbesondere im Zusammenhang mit der Bild-Ton-Übertragung, erfolgen zur Wahrnehmung von Aufgaben im öffentlichen Interesse auf gesetzlicher Grundlage der GO NRW, sodass ein datenschutzrechtlicher Einwilligungsvorbehalt insoweit nicht besteht.

Aufzeichnungen von Gremiensitzungen für Protokollzwecke richten sich nach den gleichen Grundsätzen, die auch für Präsenzsitzungen gelten.

§ 7 Absatz 2 stellt klar, dass sich auch für digitale Sitzungen die Zulässigkeit von Video- und Tonaufnahmen mit dem Zweck der Veröffentlichung nach der Hauptsatzung richtet, und greift damit die auch für Präsenzsitzungen geltende Vorgabe von § 48 Absatz 4 Satz 2 GO NRW auf.

Durch § 7 Absatz 3 Satz 1 wird die Kommune verpflichtet, allen Teilnehmerinnen und Teilnehmern digitaler und hybrider Sitzungen einschließlich der Öffentlichkeit die wesentlichen, sie betreffenden datenschutzrechtlichen Informationen und zu beachtenden Regularien vor Beginn der Sitzung in geeigneter Form zur Kenntnis zu bringen. Die Erteilung der sitzungsbezogenen Hinweise kann insbesondere im Zusammenhang mit der Zurverfügungstellung der digitalen Zugangsmöglichkeit bzw. mit der Anmeldung erfolgen, soweit eine solche vorgesehen ist. Sofern in diesem Zusammenhang Zustimmungen erforderlich sind, lässt § 7 Absatz 3 Satz 2 die elektronische Erklärung zu, sodass sie zum Beispiel im Zusammenhang mit der Anmeldung erteilt werden können.

§ 7 Absatz 4 verpflichtet die Kommunen, für im Rahmen von digitalen und hybriden Gremiensitzungen gespeicherte personenbezogene Daten Schutzanforderungen und Löschfristen festzulegen und zu überwachen. Hierdurch soll erreicht werden, dass schon im Vorhinein datenschutzrechtliche Schutzbedarfe erkannt werden und sichergestellt wird, dass für alle entstehenden Daten bereits initial Löschfristen festgelegt werden. So soll ein an datenschutzrechtlichen Maßstäben orientierter Umgang mit den im Rahmen digitaler Sitzungsdurchführung anfallenden zusätzlichen Daten durch die Kommunen befördert werden, der in kommunaler Verantwortung erfolgt. Auf die Verpflichtung zur Aufnahme der Datenverarbeitung in das Verzeichnis der Verarbeitungstätigkeiten wird hingewiesen.

§ 8
IT-Sicherheit

(1) Die eingesetzten Anwendungen müssen dem aktuellen Stand der IT-Sicherheitstechnik für Videokonferenz- und Abstimmungssysteme entsprechen. Für den Einsatz dieser Anwendungen hat die Kommune eigenverantwortlich ein Konzept zu erstellen, das den Anforderungen der IT-Sicherheit Rechnung trägt, oder ein vorhandenes IT-Sicherheitskonzept entsprechend zu erweitern.

(2) Um eine sichere Nutzung der Videokonferenz- und Abstimmungssysteme zu ermöglichen, ist ein Handbuch vorzuhalten, das die erforderlichen Anweisungen bezüglich Informationssicherheit sowie die zu beachtenden Richtlinien und Regularien umfasst. Dieses Handbuch muss allen Nutzerinnen und Nutzern der digitalen Sitzung zugänglich sein.

(3) Wird die Verwendung privater Endgeräte zugelassen, hat das Konzept nach Absatz 1 Satz 2 festzulegen, welche IT-sicherheitsrechtlichen und datenschutzrechtlichen Maßnahmen von den Gremienmitgliedern in eigener Verantwortung zu treffen sind.

Amtliche Begründung (LT-Vorlage 17/6578)

Zu § 8 (IT-Sicherheit)

§ 8 Absatz 1 Satz 1 gibt für die eingesetzten Anwendungen (Videokonferenzsystem und ggf. Abstimmungssysteme) vor, dass diese dem aktuellen Stand der IT-Sicherheitstechnik entsprechen müssen. Anhaltspunkte für den einzuhaltenden IT-Sicherheitsstandard bieten die vom Bundesamt für Sicherheit in der Informationstechnik festgelegten Anforderungen an Produkte für virtuelle Versammlungen und Abstimmungen (Bundesamt für Sicherheit in der

Informationstechnik, Anforderungen an Produkte für virtuelle Versammlungen und Abstimmungen – Virtuelle Versammlungen und Abstimmungen (ViVA), Version 1.0) und das Kompendium Videokonferenzsysteme (Bundesamt für Sicherheit in der Informationstechnik, Kompendium Videokonferenzsysteme (KoViKo), Version 1.0.1; Dokumente online abrufbar über: bsi.bund.de).

Es liegt nach § 8 Absatz 1 Satz 2 in der Verantwortung der jeweiligen Kommune, dass auch der konkrete Einsatz der für sich genommen sicheren Anwendung in Bezug auf die IT-Sicherheit eigenverantwortlich geprüft und in örtliche Sicherheitskonzepte einbezogen wird. Damit wird klargestellt, dass die Erreichung des gebotenen IT-Sicherheitsniveaus nicht allein softwareseitig sichergestellt werden kann, sondern dass auch die Art und Weise des Einsatzes der Anwendungen innerhalb der kommunalen IT-Infrastruktur vor dem Hintergrund der IT-Sicherheit zu betrachten und zu bewerten ist. Es liegt in der kommunalen Eigenverantwortung, die verschiedenen Anwendungsszenarien im Rahmen der örtlichen IT-Sicherheitskonzeption aufzugreifen und zu regeln. Dazu gehört auch die eigenverantwortliche Analyse und Bewertung von Risiken unter Einbeziehung fachlich Zuständiger in der Verwaltung.

Ergänzend zu den technischen Vorgaben des Absatzes 1 legt Absatz 2 fest, dass ein Handbuch vorzuhalten ist, das die erforderlichen Anweisungen zur Informationssicherheit sowie die Richtlinien und Regularien umfasst, die bei der Nutzung von Videokonferenz- und Abstimmungssystemen zu beachten sind. Dieses Handbuch muss allen Nutzerinnen und Nutzern der digitalen Sitzung zugänglich sein, wofür sich ein elektronisches Format anbietet. Hierdurch soll sichergestellt werden, dass etwaige IT-Sicherheitsrisiken von den Anwenderinnen und Anwendern unter Rückgriff auf diese Informationen erkannt werden und auf sie angemessen mit den erforderlichen Maßnahmen reagiert werden kann.

§ 8 Absatz 3 stellt klar, dass bei Verwendung privater Endgeräte durch die Gremienmitglieder diese im Rahmen der Vorgaben und Anweisungen des IT-Sicherheitskonzepts die Verantwortung für

die Durchführung der die Geräte betreffenden IT-sicherheitsrecht-
lich und datenschutzrechtlich gebotenen Maßnahmen trifft. Die
Regelung ergänzt die allgemeine Vorgabe des § 9 Absatz 2, nach der
die einzusetzenden Geräte und die Verantwortung für die Pflege
und Wartung festzulegen sind. Werden danach private Endgeräte
zugelassen, muss damit auch die rechtliche Verantwortlichkeit für
den gerätebezogenen Datenschutz und die IT-Sicherheit einherge-
hen, da dann die System- und Softwarekonfiguration und somit IT-
Sicherheitsrisiken in den Händen der einzelnen Gremienmitglieder
liegen.

§ 9
Verantwortung für die digitale Teilnahmemöglichkeit

(1) Vor und während der gesamten Dauer der Sitzung sind im Rahmen der Sitzungsorganisation die technischen und organisatorischen Voraussetzungen dafür sicherzustellen, dass den Gremienmitgliedern und in öffentlichen Sitzungen der Öffentlichkeit der
Zugang und die digitale Teilnahme an der Sitzung dauerhaft möglich sind.

(2) Es sind vor der Sitzungsdurchführung Regelungen darüber zu
treffen, welche Endgeräte die Gremienmitglieder für die digitale
Sitzungsteilnahme zu verwenden haben und wer für die Wartung
und Pflege der Endgeräte verantwortlich ist.

(3) Die Gremienmitglieder sind verantwortlich für die Herstellung
der digitalen Verbindung zur Sitzung mit den dafür zur Verfügung
gestellten oder zugelassenen Endgeräten.

(4) Der Umfang der Pflichten nach den Absätzen 1 bis 3 kann in
der Geschäftsordnung näher bestimmt werden.

Amtliche Begründung (LT-Vorlage 17/6578)

Zu § 9 (Verantwortung für die digitale Teilnahmemöglichkeit)

Mit § 9 wird die gesetzliche Verantwortungsverteilung aus § 47a Absatz 4 Satz 3 GO NRW aufgegriffen und ausdifferenziert. § 9 Absatz 1 konkretisiert § 47a Absatz 4 Satz 3, 1. Halbsatz dahingehend,

dass vor und während der gesamtem Dauer der Sitzung durch die Sitzungsleitung die technischen und organisatorischen Voraussetzungen sicherzustellen sind, die den Gremienmitgliedern und in öffentlichen Sitzungen der Öffentlichkeit den Zugang und die digitale Teilnahme an der Sitzung dauerhaft ermöglichen. Damit wird der Bereich der kommunalen Verantwortung für die Durchführbarkeit der digitalen oder hybriden Sitzung umrissen. Die kommunale Verantwortung hat eine technische und eine organisatorische Komponente: Die technische Verantwortung der Kommune betrifft die zentral vorzuhaltende technische Ausrüstung und Ausstattung. Umfasst sind davon die Verfügbarkeit der notwendigen Anwendungen und der IT-Infrastruktur, die notwendig ist, um diese Anwendungen sicher und störungsfrei zu betreiben. Dafür ist es zunächst unerheblich, ob die Anwendungen auf kommunaler IT-Infrastruktur oder auf IT-Strukturen durch die Kommune beauftragter Dritter betrieben werden. Entscheidend ist, dass die Zugangsmöglichkeit für die Gremienmitglieder und die Öffentlichkeit besteht. Die technische Verantwortung der Kommune betrifft hingegen nicht die Leitungen oder Kommunikationswege, die jeweils individuell notwendig sind, damit die Gremienmitglieder (vgl. Absatz 3) und die Öffentlichkeit die Verbindung zur Sitzung herstellen können.

§ 9 Absatz 2 gibt vor, dass vor der Sitzungsdurchführung geregelt sein muss, welche Endgeräte die Gremienmitglieder für die digitale Sitzungsteilnahme zu verwenden haben und wer für die Wartung und Pflege der Endgeräte verantwortlich ist. Hiermit soll sichergestellt werden, dass vor der digitalen Sitzungsdurchführung verbindlich festgelegt ist, welche Geräte für die Teilnahme an digitalen Gremiensitzungen zugelassen sind und wer für die Endgeräte und ihren Zustand verantwortlich ist. Davon hängt insbesondere ab, wen die Verantwortung für den gerätebezogenen Datenschutz und die IT-Sicherheit trifft (vgl. § 8 Absatz 3) und wer für die gerätebezogenen Störungen verantwortlich sein kann (vgl. § 10 Absatz 1 Satz 3). Dabei ist es grundsätzlich zulässig und in kommunaler Verantwortung zu entscheiden, ob allen Gremienmitgliedern Endgeräte zur Verfügung gestellt werden oder ob und welche privaten Endgeräte zugelassen werden.

Mit § 9 Absatz 3 wird § 47a Absatz 4 Satz 3, 2. Halbsatz GO NRW aufgegriffen und wiederholt, dass die Gremienmitglieder für die Herstellung der digitalen Verbindung zur Sitzung mit den dafür zur Verfügung gestellten oder zugelassenen Endgeräten verantwortlich sind. Das umfasst den vorgaben- und bestimmungsgemäßen Einsatz der eingesetzten Endgeräte und Software, um die Bild-Ton-Übertragung zur Sitzung und zu den Abstimmungen herzustellen. Das umfasst auch notwendige technische und organisatorische Vorbereitungen. So müssen die Gremienmitglieder zum Beispiel dafür Sorge tragen, dass eine hinreichend stabile Internetverbindung besteht, die Endgeräte über ausreichende Stromzufuhr verfügen und äußere Schadeinwirkungen möglichst ausgeschlossen sind.

Im Rahmen der Verantwortungsverteilung durch § 47a Absatz 4 Satz 3 GO NRW und § 9 dieser Verordnung kann der Umfang der Pflichten nach Absatz 1 bis 3 in der Geschäftsordnung näher festgelegt und ausdifferenziert werden. Denkbar sind zum Beispiel Regelungen darüber, dass für den Fall von Ausfällen der Hauptinternetverbindung technische Hilfsmittel zur Verfügung gestellt werden oder bereitzuhalten sind, die eine alternative Internetverbindung ermöglichen (vgl. Erläuterungen zu § 10 Absatz 1 Satz 3 und 4). Darüber hinaus sind zum Beispiel Detailfestlegungen zum Umgang mit und zum Einsatz von digitalen Endgeräten durch die Gremienmitglieder denkbar (Wartungsroutinen, Sicherheitsvorkehrungen, herzustellende Rahmenbedingungen und Verhaltensregeln während der Teilnahme), aber auch Detailfestlegungen zu den von der Kommune zur Verfügung zu stellenden Hilfsmitteln und Produkten (bereitzuhaltende Endgeräte und Ausrüstungen sowie Softwareanwendungen, anzubietende Schulungen und Sicherheitsunterweisungen).

§ 10
Störungen der Bild-Ton-Übertragung

(1) Die Sitzung ist unverzüglich zu unterbrechen, wenn ein Gremienmitglied eine Störung der Bild-Ton-Übertragung, die es an einer ordnungsgemäßen Sitzungsteilnahme hindert, rügt oder wenn die Sitzungsleitung auf andere Weise Kenntnis von einer solchen

Störung erhält. Die Sitzung darf vor Behebung der Störung nicht fortgesetzt werden. Das gilt nicht, wenn es sich um eine unbeachtliche Störung nach Absatz 4 handelt oder davon ausgegangen werden kann, dass die Störung in den Verantwortungsbereich des Gremienmitglieds fällt. Das ist insbesondere zu vermuten, wenn eine Behebung der Störung nicht gelingt und allen übrigen Gremienmitgliedern eine störungsfreie Bild-Ton-Übertragung möglich ist.

(2) Sind Verfahrensschritte durch eine Störung beeinträchtigt gewesen, die der Fortsetzung der Sitzung entgegengestanden hätte und die nicht nach Absatz 4 unbeachtlich ist, sind diese nach der Feststellung und Behebung der Störung in der Sitzung nachzuholen.

(3) Vor der Durchführung von digitalen oder hybriden Sitzungen sind Regelungen über die Meldung von Störungen zu treffen, insbesondere ist ein zweiter Meldeweg festzulegen, auf dem Störungen bei der Bild-Ton-Übertragung gemeldet werden können. Sitzungsleitung und Gremienmitglieder stellen sicher, dass die Gremienmitglieder unmittelbar vor und während der Sitzung die Möglichkeit haben, der Sitzungsleitung technische oder sonstige Störungen der Bild-Ton-Übertragung zu melden.

(4) Eine Störung ist insbesondere unbeachtlich, wenn

1. nach einem Abbruch der Bild-Ton-Übertragung eine Meldung der Störung innerhalb einer angemessenen Zeit unterbleibt, die in der Geschäftsordnung festgelegt werden kann oder

2. das betroffene Gremienmitglied nach Wiederherstellung der Übertragung ohne Rüge an Beratungen und Abstimmungen mitwirkt.

Amtliche Begründung (LT-Vorlage 17/6578)

Zu § 10 (Störungen der Bild-Ton-Übertragung)

Verfahrensregelungen darüber, wie mit dem Auftreten technischer Störungen der Bild-Ton-Übertragung während der Durchführung digitaler oder hybrider Sitzungen umgegangen werden kann, trifft § 10.

DigiSiVO

§ 10 Absatz 1 Satz 1 ordnet an, dass eine digitale oder hybride Sitzung unverzüglich von der Sitzungsleitung unterbrochen werden muss, wenn eine Störung der Bild-Ton-Übertragung auftritt, die ein Gremienmitglied an der ordnungsgemäßen Sitzungsteilnahme hindert. Damit sind bereits bestimmte Anforderungen an das Mindestausmaß einer solchen Störung gestellt. Dabei sieht die Norm vor, dass die Unterbrechung dann vorzunehmen ist, wenn diese von dem betroffenen Gremienmitglied gerügt wird oder die Sitzungsleitung auf andere Weise Kenntnis von einer solchen Störung erhält. Eine Unterbrechung wird nur durch solche Störungen der Bild-Ton-Übertragung zwingend ausgelöst, die zu einer Beeinträchtigung der ordnungsgemäßen Sitzungsteilnahme führen. Das wird in der Regel dann der Fall sein, wenn das Gremienmitglied über sein Endgerät dem Sitzungsinhalt und den Sitzungsabläufen nicht mehr im Zusammenhang folgen kann. Kurze oder unerhebliche Beeinträchtigungen der Übertragung oder ihrer Qualität können daher unterhalb dieser Schwelle liegen. Entscheidend kommt es auf die Auswirkungen der Störungen auf der Seite des Gremienmitglieds an. Die Sitzungsleitung hat die Sitzung zwingend zu unterbrechen, wenn ein Gremienmitglied eine solche Übertragungsstörung rügt. Diese Rüge kann insbesondere auf dem zweiten Meldeweg geäußert werden (vgl. Absatz 2). Denkbar ist aber auch eine Meldung auf einem anderen Weg, zum Beispiel auch per Ton-Übertragung über das Videokonferenzsystem, wenn eine Beeinträchtigung lediglich der Bild-Übertragung vorliegt, oder über eine Textnachricht im Rahmen einer Chat-Funktionalität. Wird eine Störung in der bezeichneten Qualität gerügt, ist die Sitzung zu unterbrechen; eine Beurteilung der Störungsintensität durch die Sitzungsleitung ist hierfür nicht maßgeblich. Ist eine Rüge der Störung durch das Gremienmitglied nicht oder noch nicht erfolgt, stellt aber die Sitzungsleitung selbst fest, dass eine Störung vorliegt und diese ein oder gar mehrere Gremienmitglieder von der ordnungsgemäßen Mitwirkung abhält, ist die Sitzung ebenfalls zu unterbrechen. Hierfür bedarf es dann einer Einschätzung der Sitzungsleitung dazu, ob die Störung sich auf die Mitwirkungsmöglichkeit auswirkt. Bestehen Zweifel, wie sich die Störung für das Gremienmitglied auswirkt, was häufig der Fall sein wird, sollte die Sitzung unterbrochen werden bis die Störungsqualität im direkten Austausch mit dem betroffenen Gremienmitglied besser beurteilt werden kann.

§ 10 Absatz 1 Satz 2 ordnet im Grundsatz an, dass die Sitzung vor Behebung der Störung nicht fortgesetzt werden darf. Wie es zu der Behebung der Störung kommt, ist dabei nicht entscheidend, sondern nur, dass die Teilnahme- und Mitwirkungsmöglichkeiten wieder hinreichend hergestellt sind. Ausnahmen von dem Grundsatz, dass vor Störungsbeseitigung eine Fortsetzung der Sitzung nicht erfolgen darf, regelt § 10 Absatz 1 Satz 3. Danach darf die Sitzung auch bei Vorliegen einer Störung nach Satz 1 dann fortgesetzt werden, wenn es sich um eine unbeachtliche Störung nach Absatz 4 handelt oder davon ausgegangen werden kann, dass die Störung in den Verantwortungsbereich des Gremienmitglieds fällt. In diesen Fällen überwiegt bei der gebotenen Abwägung das Interesse an der Funktionsfähigkeit des Gremiums die möglicherweise beeinträchtigten Mitwirkungsinteressen des einzelnen Gremienmitglieds. Absatz 4 legt Fälle fest, in denen aufgrund des späteren Verhaltens des Gremienmitglieds davon ausgegangen werden darf, dass eine vorangegangene Störung das Gremienmitglied nicht beeinträchtigt hat oder jedenfalls eine Beeinträchtigung nicht mehr geltend gemacht wird. Diesen Fällen liegt der Gedanke einer Verwirkung des Rügerechts zugrunde. Liegt einer der Fälle des Absatzes 4 vor, darf die Sitzung auch bei Vorliegen einer Störung nach Satz 1 fortgesetzt werden. Unterlässt ein augenscheinlich von einer Störung betroffenes Gremienmitglied die Rüge der Störung auf einem alternativen Meldeweg in einer angemessenen, in der Geschäftsordnung festzulegenden Frist (Absatz 4 Buchstabe a), dürfen die Sitzungsleitung und die übrigen Gremienmitglieder davon ausgehen, dass das Gremienmitglied von der Störung nicht beeinträchtigt ist oder aber auf die Geltendmachung verzichtet, sodass kein Grund für die Aufrechterhaltung der Unterbrechung besteht. Da dem Gremienmitglied eine Meldung auf dem zweiten oder einem alternativen Meldeweg in einer angemessenen Frist zugemutet werden kann, um eine Störungsbeurteilung zuzulassen, ist die Fortsetzung der Sitzung bei Unterlassen dieser zumutbaren Meldung angemessen und im Interesse der Funktionsfähigkeit des Gremiums gerechtfertigt.

Wirkt zum Beispiel ein Gremienmitglied über das Abstimmungs-system an Abstimmungen mit, während die Bild-Ton-Übertragung über das Videokonferenzsystem gestört zu sein scheint, darf davon ausgegangen werden, dass das Gremienmitglied eigene Mitwir-kungsinteressen nicht als beeinträchtigt ansieht.

Eine Fortsetzung der Sitzung trotz Vorliegens einer gerügten oder ungerügten Störung ist nach § 10 Absatz 1 Satz 3 auch dann zuläs-sig, wenn davon ausgegangen werden kann, dass die Störung in den Verantwortungsbereich des Gremienmitglieds fällt. Hierbei han-delt es sich um den von § 9 Absatz 3 und 4 und § 47a Absatz 4 Satz 3, 2. Halbsatz GO NRW umschriebenen Verantwortungsbereich. Darf die Sitzungsleitung davon ausgehen, dass die Störung aus die-ser Sphäre herrührt und somit die Verantwortung für die Behebung der Störung bei dem betroffenen Gremienmitglied liegt, ist die Fortsetzung der Sitzung gerechtfertigt. Davon sind insbesondere Störungen umfasst, die auf Fehlerquellen im direkten Einwirkungs-bereich des Gremienmitglieds zurückzuführen sind (Unterlassen des rechtzeitigen Ladens des Endgeräts, Unterbrechung der Inter-netverbindung durch Fortbewegung). Gleichfalls erfasst sind grundsätzlich solche Störungen, die auf Ausfälle der vom Gremien-mitglied gewählten Internetverbindung zurückzuführen sind, was bedeutet, dass das allgemeine „Leitungsrisiko" im Grundsatz beim Gremienmitglied liegt. Dabei ist zu berücksichtigen, dass eine di-gitale Funktionsfähigkeit des Gremiums faktisch nicht sicherge-stellt werden kann, wenn das „Leitungsrisiko" dem Verantwor-tungsbereich der Kommune zugeordnet wird und sich damit jede, auch nur vermeintliche, Leitungsstörung zulasten der Arbeitsfähig-keit des Gremiums auswirkt. Dabei ist auch zu berücksichtigen, dass es dem Gremienmitglied sowohl zumutbar ist, eine stabile In-ternetverbindung zu suchen und herzustellen, als auch eine alterna-tive Verbindungsmöglichkeit für den Eintritt von Ausfällen der Primärverbindung vorzuhalten. So ist es möglich und zumutbar, dass Gremienmitglieder, die primär auf eine kabelgebundene Inter-netverbindung zurückgreifen, für Ausfälle alternative Verbin-dungsmöglichkeiten (zum Beispiel sogenannte Internetsticks) be-reithalten, die losgelöst vom Kabelnetz eine Internetverbindung über Funk (z. B. LTE, 5G) ermöglichen. Dabei kann es beim Eintritt besonderer Ausnahmefälle nach § 47a Absatz 1 GO NRW oder bei dauerhaft beabsichtigter hybrider Gremienarbeit nach § 58a GO NRW ratsam und angezeigt sein, dass die Kommune alle Gremienmitglieder mit solchen Hilfsmitteln, die eine alternative Internetverbindung ermöglichen, ausstattet, um die Mitwirkungsmöglichkeit auch im Fall von Leitungsausfällen dauerhaft abzusichern. Eine Vermutungsregel, wann davon ausgegangen werden kann, dass eine Störung im Verantwortungsbereich des Gremienmitglieds liegt, stellt § 10 Absatz 1 Satz 4 auf. Diese dient dazu, den Umgang mit solchen Störungen, die sich keinem Verantwortungsbereich kurzfristig zuordnen lassen, in der Sitzung handhabbar zu machen. Danach wird vermutet, dass eine Störung dem Verantwortungsbereich des Gremienmitglieds zuzuordnen ist und damit die Kommune keine maßgebliche rechtliche Verantwortung trifft, wenn eine Behebung der Störung erfolglos bleibt und allen übrigen Gremienmitgliedern eine störungsfreie Bild-Ton-Übertragung möglich ist. Können alle übrigen Gremienmitglieder eine störungsfreie Verbindung zur Sitzung herstellen und lässt sich die gestörte Übertragung nach einer Fehlersuche und Behebungsversuchen in der kommunalen IT-Infrastruktur nicht wiederherstellen, ist es gerechtfertigt, davon auszugehen, dass die Ursache der Störung nicht im Verantwortungsbereich der Kommune, sondern in dem des Gremienmitglieds liegt und daher eine Fortsetzung der Sitzung angemessen ist. Hierbei handelt es sich um eine Vermutung, die durch entsprechende Hinweise des Gremienmitglieds, die eine abweichende Zuordnung der Störungsursache zulassen, widerlegt werden kann. Kann das Gremienmitglied zum Beispiel auf eine Fehlermeldung hinweisen, die darauf hindeutet, dass eine Störung auf das Videokonferenzsystem zurückzuführen ist, kann nicht länger von einer Verantwortlichkeit des Gremienmitglieds ausgegangen und die Sitzung darf nicht fortgesetzt werden. Durch die Verwendung des Worts „insbesondere" wird klar, dass durchaus Raum für weitere Vermutungsregelungen besteht, die aber nur in Abhängigkeit von der technischen Situation und Ausrüstung vor Ort bestimmt werden können.

DigiSiVO

§ 10 Absatz 2 regelt die Nachholung von durch Störungen beeinträchtigen Verfahrenshandlungen. Verfahrensschritte, die durch eine Störung beeinträchtigt wurden, die der Fortsetzung der Sitzung entgegengestanden hätte und die nicht nach Absatz 4 unbeachtlich ist, sind nach der Feststellung und Behebung der Störung noch in der Sitzung nachzuholen.

Wird also durch nachträgliche Rüge oder Feststellung durch die Sitzungsleitung festgestellt, dass eine Störung vorgelegen hat, wegen der die Sitzung nach Absatz 1 Satz 2 bis 4 hätte unterbrochen werden müssen – also im Wesentlichen Störungen, für die die Kommune verantwortlich war – und die nicht unbeachtlich nach Absatz 4 (Verwirkung) geworden ist, sind die entsprechenden Sitzungsteile und Verfahrenshandlungen vollständig nachzuholen. Die Nachholung ist dabei noch in derselben Sitzung vorzunehmen. Bestand keine Möglichkeit, die Störung noch in der Sitzung festzustellen und die Nachholung vorzunehmen, zum Beispiel, weil die Störung den letzten Tagesordnungspunkt beeinträchtigt, kommt ausnahmsweise die Nachholung in einer folgenden Sitzung in Betracht. Unbeschadet bleibt die Möglichkeit, aus Gründen der Vorsorge und Rechtssicherheit auch Verfahrensschritte nachzuholen, bei denen die Beeinträchtigung durch eine maßgebliche Störung und damit ein rechtliches Risiko unklar ist.

Vor der Durchführung von digitalen oder hybriden Sitzungen sind nach § 10 Absatz 3 Satz 1 Regelungen über die Meldung von Störungen zu treffen, insbesondere ist ein zweiter Meldeweg festzulegen. Sitzungsleitung und Gremienmitglieder haben nach § 10 Absatz 3 Satz 2 sicherzustellen, dass vor und während der Sitzung die Möglichkeit der Störungsmeldung besteht. Hierdurch soll sichergestellt werden, dass ein zweiter Meldeweg einheitlich definiert, eingerichtet und im relevanten Zeitraum aufrechterhalten wird. Das ist insbesondere erforderlich, um zu gewährleisten, dass den Gremienmitgliedern auch angesichts der daraus gegebenenfalls folgenden Konsequenzen die Rüge von Störungen (vgl. Absatz 1 Satz 1 und Absatz 4 Buchstabe a) und ergänzende Hinweise zur Ursachensuche jederzeit zuverlässig möglich sind. Naheliegend ist es, als zweiten Meldeweg den Telefonkontakt zur Sitzungsleitung vorzusehen, da dieser in der Regel störungsfrei und niedrigschwellig auf verschiedenen Wegen sichergestellt werden kann. Darüber hinaus sind weitere notwendige Regelungen über die Störungsmeldung zu treffen, insbesondere die Festlegung der für Absatz 4 Buchstabe a) maßgeblichen Rügefrist.

§ 10 Absatz 4 regelt Fälle, in denen aufgetretene Störungen der Bild-Ton-Übertragung als unbeachtlich gewertet werden können. Der Wortlaut stellt klar, dass keine abschließende Aufzählung folgt, also nicht im Umkehrschluss auf die rechtliche Erheblichkeit aller nicht genannten Störungsszenarien geschlossen werden kann. Folge der Unbeachtlichkeit der eingetretenen Störung ist innerhalb des Regelungssystems von § 10, dass keine oder keine weitere Unterbrechung der Sitzung erforderlich ist (vgl. Absatz 1 Satz 3) und dass eine Nachholung des betroffenen Verfahrensschritts nicht vorgeschrieben ist (vgl. Absatz 2). Dies ist nach Buchstabe a) der Fall, wenn ein Gremienmitglied nach dem Abbruch der Bild-Ton-Übertragung die Störungsmeldung innerhalb einer angemessenen Zeit nicht vornimmt, es also trotz der zumutbaren und technischen Möglichkeit unterlässt, die Störung der Sitzungsleitung anzuzeigen. Die Unbeachtlichkeit tritt nach Buchstabe b) auch ein, wenn das betroffene Gremienmitglied nach Wiederherstellung der Verbindung ohne Rüge an Beratungen teilnimmt und insbesondere sich aktiv bei Abstimmungen über das Abstimmungssystem beteiligt. In beiden Fällen ist es bei Abwägung der in Rede stehenden rechtlichen Interessen des Gremienmitglieds und des Gesamtgremiums im Ergebnis gerechtfertigt und angemessen, dem Gremienmitglied die aktive Anzeige der eigenen Betroffenheit aufzuerlegen und bei einem Unterlassen davon auszugehen, dass das Gremienmitglied eine Beeinträchtigung eigener Mitwirkungsrechte nicht geltend machen will und wird, sowie die künftige Rüge auszuschließen. Diese Regelung ist im Kontext digitalförmiger und damit technikabhängiger und störungsanfälliger Sitzungdurchführung zur Herstellung von Rechtssicherheit mit Blick auf die getroffenen Gremienentscheidungen und Verfahrenshandlungen zwingend erforderlich. Würde unbefristet zugelassen, dass ein Gremienmitglied eine im zeitlichen Zusammenhang nicht gerügte technische Störung und die Einschränkung der Mandatsausübung rügen könnte, führte dies zu einem nicht hinzunehmenden Maß an Rechtsunsicherheit, insbesondere in Anbetracht der Schwierigkeit, eine behauptete, zurückliegende technische Störung zweifelsfrei zu widerlegen.

§ 11
Zulassungsverfahren

(1) Für die Zulassung von Anwendungen nach § 2 Absatz 1 ist die Gemeindeprüfungsanstalt Nordrhein-Westfalen die gemäß § 47a Absatz 4 Satz 2 der Gemeindeordnung für das Land Nordrhein-Westfalen zuständige Stelle (Zulassungsstelle).

(2) Die Zulassung erfolgt auf Antrag. Bei Anwendungen, die von mehreren Gemeinden oder Gemeindeverbänden eingesetzt werden sollen, genügt eine Zulassung.

(3) Die Zulassungsstelle kann zum Nachweis der Erfüllung von Datenschutz- und IT-Sicherheits-Standards die Vorlage geeigneter Zertifikate von dritten Stellen verlangen. Sie kann sich für die Zulassungsprüfung oder Teile dieser Dritter bedienen.

(4) Die Gültigkeit der Zulassungen nach Absatz 1 ist längstens auf fünf Jahre zu befristen. Die Gültigkeit erlischt, wenn wesentliche Änderungen an den Anwendungen vorgenommen werden. Die Zulassung kann mit weiteren Nebenbestimmungen versehen werden, insbesondere mit Auflagen, mit denen die Einhaltung von in dieser Verordnung geregelten Anforderungen sichergestellt wird.

Amtliche Begründung (LT-Vorlage 17/6578)

Zu § 11 (Zulassungsverfahren)

§ 47a Absatz 4 Satz 2 GO NRW gibt vor, dass für digitale und hybride Sitzungen nur die Anwendungen verwenden dürfen, die von der dafür zuständigen Stelle zugelassen wurden. § 11 bestimmt die zuständige Stelle und macht Festlegungen zum Zulassungsverfahren. Mit Absatz 1 wird die Gemeindeprüfungsanstalt Nordrhein-Westfalen (GPA) als für die Zulassung der Anwendungen zuständige Stelle (Zulassungsstelle) festgelegt. Die GPA verfügt als Anstalt des öffentlichen Rechts in Trägerschaft des Landes über die rechtlichen und tatsächlichen Voraussetzungen für die Übernahme und Abwicklung dieser Zulassungsaufgabe. Insbesondere führt die GPA bereits die Zulassung von Fachprogrammen zur automatisierten Ausführung der Geschäfte der kommunalen Haushaltswirtschaft gemäß § 94 Absatz 2 GO NRW durch und verfügt damit bereits über Ressourcen und Erfahrungen, um die Zulassung von Fachanwendungen zum Einsatz durch die Kommunen zuverlässig abzuwickeln.

Nach § 11 Absatz 2 Satz 1 erfolgt die Zulassung der Anwendungen auf Antrag. Mit der Zulassung wird die softwareseitige Einhaltung der Mindestanforderungen dieser Verordnung zu einem bestimmten Zeitpunkt bestätigt. Der Antrag wird dabei in aller Regel vom verantwortlichen Hersteller der jeweiligen Anwendung zu stellen sein, da regelmäßig nur dieser über die Möglichkeit verfügt, die im Rahmen der Antragsstellung und der Zulassungsprüfung notwendigen Angaben zu machen und entsprechende Informationen beizubringen. Nicht ausgeschlossen ist aber die Antragstellung durch die Kommune als künftige Anwenderin der Software. Letzteres dürfte aber aus den genannten verfahrensökonomischen Gründen nur in Ausnahmefällen sinnvoll sein. § 11 Absatz 2 Satz 2 stellt klar, dass bei Anwendungen, die von mehreren Gemeinden oder Gemeindeverbänden eingesetzt werden sollen, eine Zulassung genügt. Die Zulassung erfolgt also produktbezogen und nicht nur in Bezug auf die in Rede stehenden Anwenderin bzw. den Anwender.

§ 11 Absatz 3 benennt Befugnisse der Zulassungsstelle im Rahmen des Zulassungsprüfungsverfahrens. Sie kann nach § 11 Absatz 3 Satz 1 zum Nachweis der Erfüllung von Datenschutz- und IT-Sicherheits-Standards nach §§ 7 und 8 die Vorlage geeigneter Zertifikate von dritten Stellen verlangen. Da die Anforderungen nach den §§ 7 und 8 – anders als die Anforderungen an den Funktionsumfang nach den §§ 2 bis 6 – im Grundsatz keinen landesspezifischen Bezug aufweisen, sondern sich von bundes- und europaweit gültigen Standards ableiten, wird insoweit zugelassen, dass zum Nachweis Zertifikate Dritter anerkannt werden können. In Betracht kommen insbesondere Bescheinigungen des Bundesamts für Sicherheit in der Informationstechnik, aber auch Zertifikate anderer sachkundiger Stellen und Einrichtungen. § 11 Absatz 3 Satz 2 berechtigt die Zulassungsstelle weiter, sich für die Zulassungsprüfung oder Teile der Prüfung Dritter zu bedienen. Sie kann mithin bestimmte Prüfungsinhalte von sachkundigen Dritten prüfen lassen, muss dann aber die Prüfungsergebnisse in geeigneter Weise anerkennen und sich mit Blick auf das Prüfergebnis zu eigen machen. Beim Rückgriff auf Dritte besteht die Möglichkeit, dem Antragsteller den Ersatz der notwendigen Auslagen im Zusammenhang mit der Gebührenerhebung aufzuerlegen.

§ 11 Absatz 4 macht Festlegungen zu den Nebenbestimmungen zur Zulassungsentscheidung. § 11 Absatz 4 Satz 1 verpflichtet die Zulassungsstelle, die Gültigkeit der Zulassungen auf längstens fünf Jahre zu befristen. Damit soll sichergestellt werden, dass spätestens nach fünf Jahren die Zulassungsvoraussetzungen überprüft werden. Regelmäßig wird die Gültigkeit der Zulassung aber nach § 11 Absatz 4 Satz 2 davor erlöschen, nämlich dann, wenn wesentliche Änderungen der Anwendung vorgenommen werden, was in kürzeren Zeitabständen zu erwarten ist. Wesentliche Änderungen der Anwendung liegen dann vor, wenn durch die Änderungen Eigenschaften der Software oder ihrer Betriebsweise so verändert werden, dass das Ob und das Wie der Erfüllung der Anforderungen dieser Verordnung verändert wird, also ohne eine erneute Prüfung nicht feststeht, ob und in welchem Maße die Anforderungen (weiterhin) erfüllt werden. Dies dürfte bei allen wesentlichen Versionsupdates der Fall sein, mit denen anforderungsrelevante Softwareeigenschaften geändert werden. § 11 Absatz 4 Satz 3 stellt lediglich klar, dass der Zulassungsbescheid mit weiteren Nebenbestimmungen nach § 36 VwVfG NRW versehen werden kann, insbesondere mit solchen Auflagen, mit denen die Einhaltung von in dieser Verordnung geregelten Anforderungen sichergestellt wird. In Betracht kommen insbesondere Auflagen, die der Antragstellerin bzw. dem Antragsteller bestimmte Verhaltensweisen in Bezug auf die Bereithaltung oder den Betrieb der Software vorgeben, soweit diese Auswirkungen auf die Funktionsweise der Software haben. Denkbar sind zum Beispiel Vorgaben hinsichtlich der Verwendung bestimmter Serverstandorte bei der Verarbeitung der im Rahmen des Anwendungseinsatzes anfallenden Datenströme oder hinsichtlich der Art und Weise der Protokollierung der bei Bereitstellung der Softwaredienste anfallenden Daten.

§ 12
Verwaltungsvorschriften

Das für Kommunales zuständige Ministerium erlässt im Benehmen mit der oder dem Beauftragten der Landesregierung Nordrhein-Westfalen für Informationstechnik die erforderlichen Verwaltungsvorschriften zur näheren Festlegung der Anforderungen nach den §§ 2 bis 8 sowie der Verfahrensschritte, die im Rahmen des Zulassungsverfahrens nach § 11 zu berücksichtigen sind.

Amtliche Begründung (LT-Vorlage 17/6578)

Zu § 12 (Verwaltungsvorschriften)

§ 12 legt fest, dass das für Kommunales zuständige Ministerium im Benehmen mit der oder dem Beauftragten der Landesregierung Nordrhein-Westfalen für Informationstechnik die erforderlichen Verwaltungsvorschriften zur näheren Festlegung der Anforderungen nach §§ 2 bis 8 sowie der Verfahrensschritte des Zulassungsverfahrens erlässt. Insoweit wird die gesetzliche Ermächtigung zum Erlass von Verwaltungsvorschriften aus § 133 Absatz 2 GO NRW mit Blick auf die Vorgaben von § 47a Absatz 2 bis 5 GO NRW, die durch diese Verordnung konkretisiert werden, in Anspruch genommen. Im Rahmen einer Verwaltungsvorschrift können also die Anforderungen nach dieser Verordnung näher ausdifferenziert werden, was insbesondere dem Zweck dienen kann, der Zulassungsstelle eine systematische und zuverlässige Prüfung der aus den Verordnungsvorgaben folgenden Detailanforderungen für die Anwendungen nach § 2 Absatz 1 zu ermöglichen. Darüber hinaus kann die Verwaltungsvorschrift nähere Vorgaben für die Durchführung des Zulassungsverfahrens nach § 11 durch die Zulassungsstelle machen.

§ 13

Inkrafttreten

Diese Verordnung tritt am Tag nach der Verkündung in Kraft.

Amtliche Begründung (LT-Vorlage 17/6578)

Zu § 13 (Inkrafttreten)

Um die landesrechtlichen Grundlagen für die Durchführung digitaler und hybrider Sitzungen durch die Kommunen zeitnah zu schaffen, ist das Inkrafttreten der Verordnung für den Tag nach der Bekanntmachung vorgesehen. Ein Außerkrafttreten ist nicht vorzusehen, da die Gültigkeit der von der Verordnung festgelegten Anforderungen und das Zulassungsverfahren im Interesse der Rechtssicherheit der digitalen Sitzungsabläufe und Beschlussfassungen der Kommunen dauerhaft sichergestellt sein muss.

Stichwortverzeichnis

Die Zahlen bezeichnen die Paragrafen, die Zahlen in Klammern ( ) die Absätze des jeweiligen Paragrafen der Gemeindeordnung. Verweise mit vorangestelltem Buchstaben D beziehen sich auf die Digitalsitzungsverordnung.

Stichwortverzeichnis

Stichwortverzeichnis

Stichwortverzeichnis

Stichwortverzeichnis

Stichwortverzeichnis

Stichwortverzeichnis

Stichwortverzeichnis

H

Stichwortverzeichnis

Stichwortverzeichnis

Stichwortverzeichnis

R

Stichwortverzeichnis

Stichwortverzeichnis

Stichwortverzeichnis

Stichwortverzeichnis

Stichwortverzeichnis